美丽乡愁

江西历史名村文化档案

# 古建情怀

GUJIAN QINGHUAI

姚亚平◎主　　编
张天清◎执行主编
丁功谊◎编　　撰

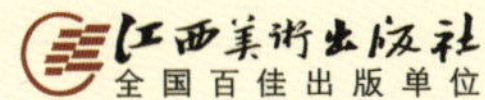

## 《美丽乡愁——江西历史名村文化档案》<br>丛书编委会成员名单




**江西省社会科学规划课题重点项目：**

美丽乡愁——江西历史名村文化档案研究（16WTZD01）

**江西省社会科学规划课题一般项目：**

江西古村公共建筑研究（16WTYB04）

# 出版前言

在中国乃至世界的坐标系上，江西灵动的自然生态之美，厚重的历史人文之美，蓬勃的发展活力之美，令人瞩目。在地理上，江西河流众多，山林葱茏，农耕遍地，风景独好；在文化上，江西素称文章节义之邦，人文蔚起，诗书传家。在千年的历史积淀中，赣鄱大地上形成了一大批开基久远、傍水依山、风景秀美、宗祠众多、人文气息浓郁的传统村落。截至2017年底，江西共有国家级历史文化名镇名村33个、中国传统村落175个，省级历史文化名镇名村83个、省级传统村落248个。它们就像一个个揭秘江西的文化符号，分布在赣鄱大地，堪称国宝，弥足珍贵。

为了挖掘和传承优秀传统文化，培育和弘扬社会主义核心价值观，在江西省委宣传部、江西省文明办的直接推动和大力支持下，我们策划了《美丽乡愁——江西历史名村文化档案》系列丛书，分为《山水家园》《古宅老屋》《古建情怀》《乡风民俗》四册，从不同角度形象直观地描述江西古村落实景实物所承载的发展故事和人文内涵，呈现赣鄱大地浓浓的乡土情、中国风、书卷气。该套丛书亦是江西省委宣传部、江西省文明办、江西省社科联、江西出版集团贯彻落实党的十九大精神、推动实施乡村振兴战略、加强农村精神文明建设的一项具体行动。

《美丽乡愁——江西历史名村文化档案》系列丛书的编纂与出版，是建设美丽中国“江西样板”的文化行动。习近平总书记2016年在江西考察时强调，绿色生态是江西最大财富、最大优势、最大品牌，一定要保护好，做好治山理水、显山露水的文章，走出一条经济发展和生态文明水平提高相辅相成、相得益彰的路子，打造美丽中国“江西样板”。赣鄱之美，美在红色摇篮、绿色家园、古色厚土，美在历史悠久、风光瑰丽、人杰地灵，美在传承几千年来深藏在乡村风貌、家风祖训、传统美德和家国情怀之中的赣鄱文化基因和民族精神。丛书让人看到美丽江西、感受乡愁而怦然心动，增加了读者对美丽中国、锦秀江西、可爱家园的自豪感、凝聚力、责任心和认识感。

系列丛书是江西省村史馆建设的全景图。丛书在内容选取和体例编写上，以江西省村史馆建设为基础，从中精选了47个历史文化名村详细撰写，并附上2012年以来江西省委宣传部、江西省文明办资助建设的110个江西省村史馆名单。江西省村史馆建设以文化名镇、名村和传统文化村落为重点，以保护传承、修复建设和发扬光大为首要任务，通过图文资料、实物展陈、视频影像、沙盘展示等形式，生动地展示乡村传统文化、村风民俗、红色历史，将抽象的道理、生硬的说教转化为群众喜闻乐见、易于接受的图片实物、生动事例，成为人文历史的宣传阵地、文化遗产的传承基地、民俗风情的展示场地，打造成为群众记住乡愁、凝心励志的“精神家园”。

系列丛书是江西历史文化名村的档案库。丛书通过梳理全景照、实物图片、平面图等基本信息，尽可能反映村落基本面貌、村落格局，体现建筑、交通、环境之间的关系以及名人、民俗、非遗与村落的关系。着重理清古村发展脉络，对重要史料信息、文物信息等进行搜集整理，对大量碎片化的资料去粗取精、去伪存真，对基本的数据进一步核实，深入阐述村落的成因、历史演变，进一步挖掘整理保护宣传乡村历史文化资源，凝练和传承优秀传统文化。通过图文，介绍历史文化名村的重点细节、重点形态，以图说话、睹物思人、目击道存。图片与照片力求真实而精美，行文接地气而娓娓道来，讲好中国故事，讲好江西故事，讲好古村故事，展示古村形象，是历史存照，更是文化档案。

该丛书研究列入江西省社会科学规划课题重点项目，自 2016 年始至今近两年时间，从组织实施到编写撰稿等都经过反复研讨，精心论证，精心打磨，既有山川田野的调研工作，又有埋头苦干的文案工作。

该出版项目在实施过程中，得到了江西省委宣传部、江西省文明办等各级领导的大力支持，时任省委常委、省委宣传部部长姚亚平亲自策划并审定全书，江西省文明办主任张天清具体组织协调项目的实施并审看全书。在丛书配图方面，江西省各级文明办以及江西画报社提供了大量的图片支持。在书稿撰写过程中，梁洪生教授以及其他专家提供了学术上的指导。各册作者在书稿撰写过程中，精心构织框架，广泛搜集资料，倾情进行写作，为套书的顺利出版付出了巨大的心力。在丛书出版过程中，江西美术出版社汤华社长、魏林副社长和方姝、朱倩文、姚屹雯等责任编辑对丛书的编辑、修改付出了辛勤的劳动。

在此，我们谨向所有支持、帮助过这套丛书出版的领导、专家、学者致以衷心的感谢！丛书的出版，是江西历史文化资源保护和利用的延续，也是江西省村史馆研究工作的新起航。

丛书编委会

2018 年 1 月

CONTENTS

## 107 第五章 车马笙歌记繁华——巷道



## 135 第六章 天光云影共徘徊——井堰



## 154 附 录

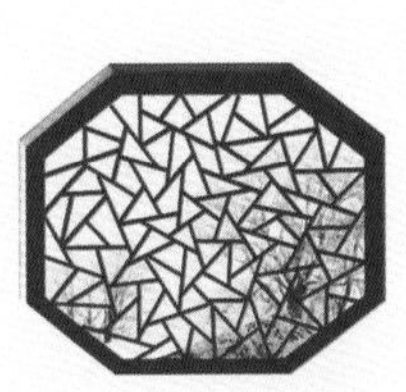

# 第一章 聚族明伦荷家声

——祠堂

祠堂是供奉和祭祀祖先的场所。人们以祠堂为宗族祭祀的圣地，在祠堂里安放着先人的牌位，每到清明节和中元节，宗族就会举行隆重的祭祖大典。每当族中遇到关系全族的大事，如修谱修祠、购置族产等事务，族长就会在祠堂里召集族人聚议。在祠堂内部两侧厢房，多设有谱局和社仓。在族长的主持下，有声望的族内文人在祠堂里修谱，宗谱刻印完成，又要在祠堂里举行领谱仪式，也会将一份宗谱供在祠堂。社仓也多设于祠堂内部，是古代为防荒年而在乡里设置的粮仓。除了备荒，社仓还可赈济族中困难、鳏寡孤独者，对扶孤恤贫、济急周乏起到了重要作用，为乡村救济和社会稳定奠定了物质基础。

祠堂又是古代乡村助学育才的场所。宗族会在族产中，拨出专项资金开设义学，在宗祠里设立私塾，聘请先生任教，族中子弟免费入学，所有经费开支由族田所得租谷支付。在祠堂里，人们常常可以听到琅琅读书声。虽然地方僻远，但这些读书声，寄托着一个家族的希望。作为家族的公共设施，祠堂在农忙收获的季节，成为库房或临时堆栈。在年节或族内重大的喜庆活动时，祠堂又是全族欢庆或娱乐的场所。很多祠堂有戏台建筑，好戏连台，既是唱给先祖们听的，更是演给族人们看的。而当突发战乱或其他应急事件时，祠堂也就成了本族应急指挥的中心。就这样，对每个宗族来说，祠堂是一个地域里家族的活动中心，在强化宗族观念、维护宗族团结、加强宗族管理、巩固宗族统治等方面都起到无可替代的作用。

祠堂就这样肩负着基层社区管理与道德教化的双重职能，成为中国古代乡村统治和道德评判的重要场所，为社会安定和政权稳固起着辅助的作用。江西有着悠久的基于农耕生产的族居传统，保存着大量的古代祠堂。人们在建造祠堂的时候，都会集中技艺最精的工匠、最好的材料，对奠基、营造、竣工等各个建造工序严格把关，祠堂往往成为全村最坚实、最宏大的建筑，是江西民间古建筑的杰作。但由于地域风俗、经济水平的不同以及建造年代的差别，江西古村的祠堂又呈现出不同的风貌。

# 俞氏宗祠

## 婺源县 汪口村

江西省国家级历史文化名村
江西省省级历史文化名村
中国传统村落

婺源县江湾镇的汪口村，是一个以俞姓为主聚族而居的徽州古村落。古时候，汪口村为徽州府城陆路经婺源至江西饶州的必经之地，同时又是婺源县水路货运到乐平、鄱阳、九江等处的货物集散地。明清时期，这里店铺林立，商贾云集，景象繁华。虽经千载沧桑，但留下的历史遗迹很多，俞氏宗祠为全村现有保护完好的清中期建筑之一。

俞氏宗祠又名“仁本堂”，位于村东“聚星桥”北端，祭祀汪口俞姓始迁祖俞杲。该祠始建于清乾隆年间。据《婺东汪口永川俞氏宗谱》载：俞杲裔孙俞皋（1251—1316）为宋末进士，宋代灭亡后没去做官，在汪口建“心远书院”教书育人，人称“永川先生”。清乾隆年间，俞皋后裔

汪口村俞氏宗祠

俞应纶（1698—1778），出身贫寒，躬耕勤读，夤夜求师，终成大器，官至朝议大夫。省亲回乡时，聚乡人资助，重建宗祠。清乾隆九年（1744），俞氏宗祠竣工。俞应纶慎终追远，弘扬祖德，仍以万历九年（1581）的“仁本堂”为重建后的宗祠堂名。八十年后，即道光四年（1824），俞氏宗祠再次重建。

仁本堂为“中轴歇山式”建筑形式，祠堂前后由三部分组成：前为前堂，有栅栏门、中门、五凤楼和大天井，中为享堂，后为寝堂。总占地 1116 平方米。建筑面积 665 平方米，原包括东侧心远书院（已改建）、西侧花园（已拆毁他建），祠进深 44 米，大门处外墙面宽 15.7 米，而寝堂后檐墙面宽为 16.2 米，这种做法是出于堪舆风水的要求：前小后大，形如口袋，利于聚财。宗祠的大门门楼被称为“五凤门楼”，高大气派，中央三间高起，成歇山顶三牌楼式。听村中的老人说，“五凤门楼”在宫廷建筑中较为常见，而在民间却很少。这是因为汪口俞氏始祖俞杲曾经担任过太子的老师，所以清廷特批俞家，可将山门建成“五凤门楼”。悬挂于大门两侧的木制柱联，由族人俞昌宗撰文并书，曰：“青山抱水水抱村，赣北无双景；彩凤盘龙龙盘阁，江南第一祠。”大门的外墙围护则以高大而高低错落的白色风火墙和相邻的建筑隔离，风火墙高出屋面，随屋面跌落起伏，端部形似马头，这就是我们所说的马头墙，是徽州传统建筑的典型建筑样式，既可防火也可御风，既实用又美观。

俞氏宗祠布局严谨、工艺精巧。整个祠堂以雕刻工艺见长，被誉为“艺术殿堂”。2006 年 6 月，被列为国家重点文物保护单位。在宗族礼教最为盛行的时期，也正是俞氏家族最为昌盛的时代。朱熹的理学极力倡导恢复和加强人伦关系，推崇儒家的礼教思想，使亦儒亦商的俞氏家族如鱼得水。他们在俞氏宗祠里祭拜祖先，春蒸秋尝，家族祭祖则在“众屋（分祠）”，先在祠堂宗祭再到众屋（分祠）家祭。祠堂祭祖祭品丰盛，有酒水佳肴，五谷杂粮，蔬菜鲜果，更有猪羊禽肉。一边是猪一边是羊。猪、羊要褪毛、破肚、去肚杂，再放在木架上。祭祖结束后猪肉、羊肉分给大家。祠堂是一个宗族的圣殿，通过族人的共同祭祀，活着的人便与死去的祖先在心灵上得到沟通，同时，也增强了宗族成员的同源意识，相互之间更加亲近和团结。

# 袁氏宗祠

## 都昌县 鹤舍村

江西省省级历史文化名村
中国传统村落

都昌县苏山乡鹤舍村始建于东汉末年，成村于明代初期，发展于清朝中叶，迄今已有1800多年历史，有户两百，人丁近千，为单一袁姓村落。鹤舍村的袁氏宗祠始建于明代天顺年间，坐东朝西，前有池塘，眺望苏山，视野异常开阔。虽几经修缮，仍保持原有构架。祠堂主体建筑采用双破硬山式，正方形墙体，石砌基础，内部采用抬梁与穿斗混合式框架结构，为

袁氏宗祠门庭

袁氏宗祠厅堂

三进式穿堂建筑，总面积为 800 平方米。大门正立面，中堂正立面，上堂正立面均为木制墙体，堂两边装有木壁，属于典型的都昌宗祠风格，反映了农村聚族而居，敬祖荣宗的建筑特点。尤其是减柱法（俗称偷梁换柱）的穿梁结构，属民居建筑中的经典之作。宗祠采用减柱法大大扩展了室内空间，便于在宗族聚集活动时容纳更多的人。

祠堂门上悬挂“汝南世家”匾额，大门两侧则分别写着“卧雪”和“家风”墨迹，彰显袁氏家族悠久的历史和家族文化。“汝南世家”和“卧雪家风”来自东汉袁安的相关典故。这高挂的匾额和门侧的墨迹，是整个家族的标志，代表着族源、血统和荣誉。大门两侧有一对新竖石狮，进入大门即下堂，下堂与中堂之间有一小天井，下堂梁坊间悬挂着“丽日轩春”四字匾额，旁边还配有其他的祝寿匾额。前厅地面采用三合土地面，两侧建有厢房。现成为村委会办公地点。

跨进中堂，地面由当地石材麻石铺成，为族人祭拜之地。在这里，族众可以先对“天”膜拜，再祭拜殿内的祖宗牌位。中堂梁枋上悬挂“鹤舍古村”和“寿域宏开”大匾，四周木板刷成猪肝红色。跨过中堂，有一个天井，长六米，宽三米。天井两头墙壁粉白后用墨画山水图案，绘有双龙抢宝、八仙过海图。上堂正面靠壁设神龛，安放祖先牌位，在供奉的牌位正中挂着袁家始祖的画像。村里举办红白喜事，都要经过祖堂，祈求先祖保佑。虽然村内建筑密布，巷道狭窄曲折，但祖堂之前开门见远山，场地极空旷。

近两千年来，鹤舍袁氏以繁衍“汝南世家”为荣，以继承“卧雪家风”为训，奉“耕读为身家之本”，以先祖袁安公为楷模，教育子孙力田勤书，培养出袁成璧、袁绍腾等优秀的人才，成为都昌县的名门望族。

# 曾氏公祠

## 贵溪市曾家村

江西省省级历史文化名村
中国传统村落

在贵溪市耳口乡曾家村，有建于乾隆五十年（1785）的曾氏公祠，至今保存完好。公祠南北长 44 米，东西宽 26 米，高 8 米，建筑面积 1144 平方米，内有 100 根木立柱和 2 根长 8 米，直径 0.5 米的青石整条圆柱落地支撑，祠内分戏台、酒楼、观厅、神堂、茶室五部分，建筑中的梁栋，多饰以文彩，或予以雕琢，雕梁画栋，形象逼真。其中油墨画巨龙，吞云吐雾，昂首腾飞。

祠堂天井把戏台与观厅自然分开。天井的两边都设有楼梯，两层各有一个耳房，是氏族长辈们看戏的包厢。包厢后面还有一个两米多高的偏房，为戏子们更衣化妆的地方。观厅后面有一道可全部开启的木质隔墙，后面连着一个小天井，对面就是供奉祖宗牌位的神堂。人多时把木隔墙打开，观厅的容量即可扩大一倍。整个建筑古朴幽雅，具有地方特色。根据宗族规定，每年“清明”和“冬至”时令，由族长召集全村人在此聚会，杀猪宰羊，大摆酒宴，然后向祖灵进行祭祀礼仪。有时，还约请戏班子来此唱戏，显示宗族阔绰气派。现祠门前尚有一副“沂水长萦霜露感，春风遍佛藻萍香”石雕对联，字体遒劲有力。公祠建筑为砖木结构，建筑结构为穿榀柁梁式结构，四周外墙超脊，屋面雨水通过天井排出屋外。

这座曾氏公祠又叫“曾在公祠”，公祠的建成有个感人的故事。开基祖曾先公育有三子，分别为曾柏仕、曾云仕、曾在仕。此三人即为本村曾氏二世祖，乾隆五十年（1785），曾云仕的后人建好了“曾云公祠”（现

曾在公祠

改为住房）。祠堂竣工之时，村里三天大摆宴席，宴请全村男人。而村中一名曾氏寡妇，为曾家第三代媳妇，她嫁给了曾在仕的儿子，新婚后不久丈夫病故。尽管她家中十分富有，却无权参加这盛大的庆典，对封建社会这种男尊女卑的制度十分愤慨。于是，她倾全家之产，在村口边建成曾在公祠，与曾氏公祠堂遥遥相对，规模远超过曾云公祠。祠堂竣工之日，她也大摆宴席，且不分男女老少，宴请十天，非常热闹。这位寡妇怀孕期间，丈夫就去世了，生下了一个遗腹子，并把他抚养成人，可惜儿子年轻的时候又去世了，留下了两个孙子，她含辛茹苦地把孙子抚养成人。曾云公祠现改为住房，曾在公祠一直保留完好，成为曾家村标志性建筑。每年的清明和冬至时节，族长会召集全村人在此聚会，杀猪宰羊，大摆酒宴，然后向祖灵进行祭祀礼仪。有时，还约请戏班子来此唱戏，显示宗族的阔绰气派。

# 许氏祠堂

## 金溪县浒湾镇

江西省国家级历史文化名镇
江西省省级历史文化名镇
中国传统村落
江西省省级传统村落

金溪县浒湾镇前濒抚河，后通驿道，水路上达抚河上游的广昌、南丰、南城，下通抚州、南昌、九江等地。由于此处水势平缓，便于航船，四乡物阜，利于货殖。抚河码头长年停靠各类船只，货船可通赣江直达长江，使浒湾镇经济繁荣，享有江南重镇的美誉。清代道光举人徐朝玺的《登灵谷》诗句“云林凭锁钥，临汝控东南”，道出了浒湾镇的地理形势和地位。许氏家族明清以来就在浒湾镇繁衍生息，他们至今仍存有明清以来的两座祠堂。

位于礼家巷的许氏祠堂，建造于明代。祠堂两扇大门厚重简朴，无任何雕饰，内里粗柱大礤。石礤为巨大的两层刻花，上层圆形八楞下卷式花纹，下层为雕花八角石墩。通柱间用粗大的跨空枋、长跨度的荷重梁，为典型的“粗大明”风格，使祠堂显得豪放挺拔。祠堂面宽约 12 米，纵深 25 米，上中下三堂，三堂地面以台阶逐渐升高，中有二天井相隔。下堂大天井原设水池两方，一般视为消防蓄水，由雕花石板构成，现水池破拆，石板犹在。整个祠堂保护良好，格局和建筑构件都没有改变。

许氏家族还有一座祠堂，位于后书铺街，为清中期所建。祠堂临街为高大的圆拱大门，进门为 5 米宽的前院，然后是并列的祠堂和书院，祠堂在右，书院在左，总计宽约 16 米，进深 30 米。祠堂里面三堂两天井，全部石板铺地。柱础为清中朝的八方形花礤。大门门楣刻有繁复精美的石质深浮雕，至今保存较好，第一层门额花卉边框清晰，两边楼台与骑马人物

许氏祠堂

非常大气；第二层在规整的凸起锦地纹上辟出三个开光图案，正中为玉府仙班，两侧如意形开光为骑马将帅，皆栩栩如生；最上第三层略狭，中间是郭子仪庆寿图，其侧为众多骑士图，再侧为亭台楼阁等。大门上方两个侧檐亦装饰有精工雕刻的“士子成才”图，有楼台人物读书图，有士子登舟扬帆赶考图，有华盖骑马荣归图，其上亭台楼阁、小桥流水、花鸟虫鱼、龙凤仙鹤、人物华盖无不惟妙惟肖，栩栩如生。中华人民共和国成立后，此屋即被改造成民宅，入住了多户人家。

# 贾氏宗祠

## 高安市贾家村

江西省国家级历史文化名村
江西省省级历史文化名村
中国传统村落

高安新街镇的贾家文风昌盛，为当地的名门望族。村中最宏伟的建筑是贾氏宗祠。贾氏宗祠始建于明代，位于贾家村南北中轴线上，依照地形顺势渐高，颇富变化，蕴含步步高升之意。宗祠坐北朝南，前有祠前巷，后有上龙腾巷。祠堂主体建筑采用歇山式顶，内部采用抬梁与穿斗混合式框架结构，面宽 7 间、宽 17.5 米，进深 27 间、长 107.4 米，为四进式穿堂建筑，由昼锦堂、拜亭、寝室、观音堂四部分组成。廊道、厢房、楼阁均沿中轴线对称布局。

一进昼锦堂。宗祠大门两侧有一对寮山青石石鼓。跨过祠堂前进，屋内为天井廊院式结构，天井为回字形，由四根粗大石柱支撑，方形天井在江南不多见，四水归堂在此体现得淋漓尽致。天井中央有一雨亭，亭顶采重檐四垂顶式，坡度和缓，雨亭天花顶的构造十分罕见，为八卦造型藻井。雨亭藻井分为三层， 顶部为圆形，正中饰以宝相花一枚。天井被赋予了采天地之灵气、聚肥水财气于一室的传统理念。昼锦堂东西两内侧建有吊楼、重檐。梁坊间挂有“进士”“兄弟同科”“荣封三代”等金字匾额。在这座宗祠建筑中，中国古代“四水归堂”“天圆地方”的传统思想文化体现得淋漓尽致。

二进拜亭。拜亭前的地面用斧刃砖墁地镶成八卦形图案、与八卦形围墙融为一体。顾名思义拜亭即是供人祭拜的空间，又避免族人在祭拜时遭受日晒雨淋，于是加盖屋檐成为拜亭。拜亭范围内建有两座大焚香塔，让族众可以先对“天”膜拜，再祭拜殿内的祖宗牌位。拜亭梁枋上的木雕精湛巧妙，左右两侧的弯月形雕花板上，分别刻有龙吐莲花、双龙拱磬等吉祥图案，斜撑则雕刻成狮子滚绣球。

三进寝室。寝室供奉着贾氏祖先的牌位，面阔 3 间，进深 5 间，为抬梁和穿斗式混合框架结构，屋顶为悬山顶、彻上露明。

四进观音堂。庙堂为明代所建敬奉观世音菩萨，寝室和四进院的观音堂以侧廊连接。观音堂前为一天井，内置“太平缸”一口，盛满清水以防火灾，或用于栽种莲花。古代皇宫重地用铜铸太平缸，贾家村则均为陶缸置于天井之中。观音堂面阔 3 间，进深 5 间，堂门正上悬大匾镌“观音堂”三个镏金大字。观音堂内有圆塑观音一尊，供奉观音大士莲台。观音端坐在莲台之上，身体微微前倾，慈眉善目俯视红尘。

贾氏宗祠气势恢宏，内涵丰富，其布局在宗祠建筑中极为少见。其间的梁架结构、精雕细刻集中体现了当时建筑工艺的高水准。宗祠中石雕多见于柱础、抱鼓石、坐狮等，木雕多见于梁柱、雀替、门板、窗棂。其雕刻技艺臻至炉火纯青之境，雕刻图案日趋纷繁完美，内容广泛，题材多样，

贾氏宗祠

贾氏宗祠八卦图

贾氏宗祠拜亭

多为山水、花草、鸟兽及八宝。这是江南明清建筑的典型模式。贾氏宗祠是中国古代建筑与儒家、道家文化有机融合的一个典范。主要表现在以下三个方面：

一是体现了中国古建筑天人合一的思想。祠堂遵循天地二元，人为其主体。如左祖右社，左祖居东阳为天，右社居西阴为地，中为厅堂为人所及。贾氏宗祠建筑中，天、地合一的理念十分明显。

二是体现了中国古代建筑的“居前”思想。前为宗祠主体大堂，后为寝室、庙宇，充分体现“前主后附”或“前朝后室”的建筑格局。主体殿堂居前，拜亭、寝室、观音堂座后，实为前“阳”后“阴”、阳为“天”阴为“地”，实现了“天、地、人”融为一体的设计架构，体现了人与环境的巧妙结合，展示着人与自然的和谐统一。

三是体现了中国古代建筑的“居高”思想。中国古代封建社会有着森严的等级制度，这一点体现在建筑上就表现为“居高”的设计思想。古代宫廷、官府类别的建筑中，地形高低成为首选，都城、王城、各级地方政府所在地都是选取地形较高处建造，居高而威严。贾氏宗祠依地势略高设计而建，正体现了“居高”思想。

此外，贾氏宗祠一进减柱法（俗称偷梁换柱）的穿梁结构，属民居建筑中的经典之作。宗祠采用减柱法大大扩展了室内空间，便于在宗族聚集活动时容纳更多的人。减柱法科学合理地利用力学原理，可谓古代建筑中的经典力学之作。

# 严氏宗祠

分宜县 介桥村

江西省省级历史文化名村
中国传统村落

在分宜县分宜镇介桥村，依然保留着连片的明清建筑，目前尚存的人文古迹有严氏宗祠、怡庵公祠、华庵公祠、用章公祠等一批严氏祠堂。这些祠堂建筑结构复杂，雕刻精美，工艺考究，体现了介桥村深厚的文化内涵。

严家历史最悠久的祠堂是严氏宗祠，即毓庆堂。毓庆堂名字源于《周易》中“积善之家，必有余庆”，“毓庆”取“余庆”谐音而成，为严氏第九世祖严仲恭（1358—1431）所建，至今有近700年的历史。毓庆堂分上中下三进，中进、上进厅基本保留古迹原貌，地下的方砖和厅中的木柱均为古迹，上进经过仿古修缮基本还原了20世纪50年代以前的模样。毓庆堂外墙门楼，上书“方伯世家”，两侧为清乾隆朝宰相朱轼考察介桥村时留下的一副楹联：“介水流长，连绵甲第金瓯固；笏峰俊秀，璀璨人文玉树芳。”当地老人们说，在1944年前，毓庆堂内仅牌匾就有124块之多。明朝永乐年间以来遗留下来的大量文物古迹，都悬挂在此。其中包括嘉靖御笔，史可法、刘统勋、袁世凯、戴季陶等历史名人的真迹，如“藩侯官邸”“宰相神龛”“廉石”的牌匾以及朝廷诰封、名流楹联等。

介桥村北有前房祠堂，即光裕堂。光裕堂一厅两间一进，砖木结构，砖墙到栋，上砌有垛子，垛子很有特色，前四级，后三级，垛子的“人”字顶是用石南瓜顶撑的，十分精致。厅房和厢房铺设了木楼板。厢房前开门对轩廊，后对厅开门。厅后两侧各开一小门。厅前立有两屋柱，上和左右木梁相连，形成一个门头，门头上有挂匾木托。门头与屋檐成轩廊，轩

毓庆堂

毓庆堂内景

廊进深三米四，轩廊东西各开一门，门为双扇。接东西两墙往北延八米六，构成一个小院，面积约为九十平方米。小院门头朝东北，门头上横书“蛟龙腾飞”，与村中的御史第门头遥遥相对，形似双龙戏珠。

怡庵公祠是介桥村目前保存较为完善的祠堂，位于村东南端，坐西朝东，上中下三进，一厅二间，东西长三十四米，南北宽二十二米。前临官道，南为大坪，后是族人住宅，北邻用章公祠，四周均是砖墙到栋，南北两侧墙栋上砌有三级垛子，垛墙造型雅致。进祠须上三级麻石条砌成的台阶。两侧厢房前凸，厅门内缩，形成长形轩廊，前立有四柱，边上两柱与厢房墙融合，中间柱间隔四米七。轩廊顶穹为拱形，并描有彩绘，外屋檐也为拱形，也画涂了彩绘。四柱架上镶有雕刻精致的一对奔鹿和一双鳌鱼。开有三洞厅门，中厅门宽一米六，两边厅门宽一米四。中厅门方上嵌有四具尺许棱形雕柱，两边厅门方上嵌有二具尺许的菱形雕柱。每洞厅门都是双扇门，麻石门墩。内堂三进分二级，下级低一个台阶。厅宽十米八，立屋柱六十四根。下中进厅中间有口大天井，下厅两屋柱架上镶有一对精美木雕象，靠天井边两屋柱架上镶挂一对栩栩如生的木雕凤凰。下进与中进的厢房在天井上沿往南北形成小巷，各有拱形门通外。中上进厅之间并列三口天井，中间的天井稍大，两侧天井稍小。所有天井边沿铺有麻石条。上中进厢房间是小天井，通南北天井有拱形双扇门关启。厢房均铺了楼板，厅房地面铺有方砖。

介桥村东南角有用章公祠，坐西朝东，上下两进，一厅两间，前临村东“官道”，因“官道”在此转弯，所以北侧前部分也靠“官道”，后部分邻通天心里大弄巷。南与二房祠堂隔小巷，屋檐相连，西后的院墙也隔横巷与族人屋相对。祠东西长二十三米，南北宽十二米，前有小院，被后建宅屋占去；前屋檐走廊南通二房祠堂中下进北侧门，北有一门头，“八”

字形朝东北开门。厅门宽一米六，门方上有凹陷的长方形框，灰雕四个凸起的字“用章公祠”，再上是雕刻精致的“二龙戏绣球”图案，祠四周砖墙，无垛子。内为屋柱造架，用树墙板隔成厅房。厅宽四米九，上下进中间有一天井，中上厢房在天井西沿往南北各形成两小巷，且有门南通二房祠堂小巷，北通外“官道”。厅房地面均铺有方砖，厅顶装了楼板。上厅后墙前立有两屋柱，柱间二米八，装的树墙，上有匾托，下置神龛，上厅两厢房与神龛屋柱形成略斜板墙，呈“八”字形，神龛后形成一个小厅，并与上厢房两侧构成小巷有门直通后院，后院进深三米五，南北院墙有门通外。该祠建于清嘉庆晚期，至今有一百九十余年历史。

介桥村东有华庵公祠，上下两进，坐西朝东，南与云秀屋墙挨墙，北隔巷与灿文屋为邻，西（后）有小院，院墙隔南北横巷与群才宅毗邻。前有梯形小坪，坪面铺有“人”字砖道，砖道有深而明显的车辙印，是村东官道的一段。坪边是用砖石砌成的一米多高的墈，墈下为池塘。该祠东西长二十二米，南北宽十一米。四周均是砖墙到栋，两侧墙栋上砌二级垛子，垛子造型优雅。背有围墙构成的后院，后院两边各开一门。厅门高三米二，宽一米六八，是鲜见的大厅门。内缩加屋檐形成轩廊。厅内是屋柱造架，以篾墙隔成厅房。上下进中间有一天井，上进厅前屋柱上镶挂有精致木雕凤凰一对。厅宽三米七，上厅两侧各开一后门，四厢房上均铺了楼板。上厅在距后墙米余处立两屋柱，两柱间装有树墙板，板上原挂有“余庆堂”堂匾，匾下置神龛。厅内地铺方砖。四房祠堂现有人居住，结构保存完整，一些柱子上的花卉木雕部分尚存。何人建造不详，仅以祠的陈旧程度与附近建筑比较，应有二百年的历史。

# 欧阳氏祠

吉安市
吉州区
钓源村

江西省国家级历史文化名村
江西省省级历史文化名村
中国传统村落

吉安市吉州区钓源村的欧阳家族，自南唐起聚居了1000余年，宗族文化深远而厚重，是传统社会典型的宗族组织结构。全村均姓欧阳，无一别姓。经代代繁衍，分支分房，有的再分迁开基，虽然多次迁徙，仍均尊奉唐末安福县令欧阳万为始祖，尊奉欧阳万的五世孙欧阳弘为钓源开基祖。目前仍存留8座保存完好的祠堂。总祠地面祭祖时的辈分圆圈，标示着宗族的威仪。惇叙、仁本、明善、存礼等堂号名，房支俨然，完整严密地体现了以血脉连接的宗族关系，昭示儒家伦理和族人敬祖睦宗的情怀。

钓源欧阳氏祠“惇叙堂”是全族的总祠。明正德时始建，隆庆、万历年间扩建，至清康熙间重修，清嘉庆时三修，清末至民国五年第四次重修。主体仍不失清代建筑风格。正栋为三进，属于封闭式天井院落建筑，占地面积1057.77平方米。左右原各有两辅房，时称“五族祠”“大宗祠”。该祠最大的结构特色，是品字型天井结构。前厅下的大天井，与上厅两边的小天井，一大两小的三口天井，组成了一个“品”字形，而天井上方相应三个檐口，同样组成了一个“品”字形，形成 “双品”型结构，象征着族人有品位，做人要有好的品行。

文忠公祠是钓源“仁”派纪念欧阳修的专祠，显示了族民对先贤欧阳修的崇仰和怀念之情。祠堂位于钓源村渭溪自然村东北，面阔三间，两井三进，眠砖到檐，高大雄伟。祠门廊梁柱上雕刻着书卷笔剑等精美的图案，檐梁下是一幅幅耕读节孝的彩绘画，两边偏门门楣四个石柱头，从右到左镌刻“文行忠信”四字，诠释“文忠”之意；下则是书笔之图；门廊上方的梁柱间，绘有造型生动的“将帅戏狮图”。厅堂空阔宽敞，枋柱间，嵌着回首盼顾的鳌鱼雕饰，以显“独占鳌头”之意。后堂屋柱上还残留大木蝉的雕刻挂件，以示“科第蝉联”。中堂正中的壁龛下，摆着欧阳文忠公的神主牌位，上刻的字迹已成灰黑色，仍能辨认出“宋观文殿大学士太子太师累封康泰楚国公欧阳文忠公神位”的字样。牌位香案上，摆着香台，散落着残留的香柱。

根据族谱和各种史料记载，欧阳修并非钓源的开基祖欧阳弘的直系后裔，而是永丰县沙溪镇欧阳讬的后裔。那么，钓源为什么会有纪念欧阳修的专祠文忠公祠呢？钓源原有“仁、义、礼、智、信”五个房派。其中，“仁”派传了 4 代之后，长房的欧阳茂实，号“拙谋”，一直没有儿子。眼看祖居之地的“长房”香火无法传承，同宗兄弟很着急。而欧阳修有四个儿子，后代多在北方。南宋晚期，北方被元军占领，欧阳修的后裔一部分逃往南方避难，颠沛流离。其中有个叫欧阳腾的，是欧阳修第四个儿子欧阳辨的第六代，流落在庐陵一带。钓源人就说服欧阳腾过继给“仁”派欧阳拙谋为子，改名欧阳胜。因此，现在“仁”派的渭溪欧阳氏中的大多数，从血缘关系看来，是欧阳修的直系后裔。钓源的族谱在 1966 年“文化大革命”开始时，遭到了严重摧毁。一大摞一大摞的族谱投进火堆，其中有安福派系同修的通谱，也有钓源本村的族谱。只有《续修安福令欧阳公通谱》中的首册有幸逃过了劫难，其他的全部化作了灰烬。这幸存的一册通谱残本，成了族史唯一的依据，保留了一些珍贵的史料。据《续修安福令欧阳公通谱》“钓源世次表”中记载，欧阳弘九世孙欧阳茂实：“无子，立祠下第三子腾为嗣，更名胜。”更有说服力的是，十多年前，在钓源出土了一块古墓碑《明故石峰欧阳君墓志铭》，记载道：“渭溪拙谋公无嗣，以宋兖国公子辨六世孙讳腾继。”（见高立人《庐陵古碑录》，江西人民出版社 2007 年 12 月版，第 46 页）“兖国公”是朝廷对欧阳修的赠封，“辨”是他的第四子。渭溪是欧阳修第七代直系后裔聚居地的史实，已得到学术界的认可。

文忠公祠比钓源欧阳氏总祠还要精美结实，寄寓着钓源人对欧阳修的敬仰之情。欧阳修的人格风范和才情，对钓源整个宗族产生了强大的影响力。不仅是渭溪“仁派”欧阳修的直系后裔以先祖为荣，同宗的“礼派”庄山欧阳氏后裔也同样如此。虽然大多数文物被毁，但从残留的遗存中仍可寻觅到对欧阳修的崇仰和怀念之情。在庄山村的一户村民家中，有块 5 尺多长，两尺多宽的墨绿色青石碑，搁在上厅右侧。此碑可称名人名家之作。碑文为《昼锦堂记》，是欧阳修应当朝宰相韩琦之请写的一篇美文。此文是欧阳修的传世名篇之一，被后人誉为“天下文章，莫大于是”。北宋的著名书法家米芾，仰慕欧阳修的文采，手书《昼锦堂记》全文 485 字。这件十分珍贵的书法艺术精品，不知何因，流传数百年后至清道光年间，被江西官吏李子畲收藏。欧阳修的后裔欧阳浩，在李子畲处见到米芾真迹，书写的是同宗先祖的名文，便不惜重金买下，选了 6 块大青石，请石匠镌刻成碑，此时是清道光二十六年（1846）。欧阳浩在钓源的后裔将石碑视

欧阳氏祠

文忠公祠

惇叙堂

为传家之宝，但在“文化大革命”中不幸损毁4块，所幸的是首尾两块得以幸存，虽有凿损，仍可辨159字。这两块珍贵的石碑，不仅存留了名文、名书，也镌刻了钓源人对欧阳修的思慕和崇敬。

崇文重教，以读兴家，成为钓源欧阳世家的家族传统，这可以从残存的科举功名旗杆石上得到印证。现在在总祠和各房祠前，还存有21对旗杆石，铭刻着科举的功名，彰显出望族的荣耀。

# 胡氏宗祠

## 吉安市青原区陂下村

江西省国家级历史文化名村
江西省省级历史文化名村
中国传统村落

在吉安市青原区富田镇的陂下村，至今仍然存留着25座古祠堂。这些祠堂多采用门楼及牌坊为门景，二、三进结构，中设参亭、回廊、天井，外加院子，两边均有6至8个马头墙。门楼以木材为主，牌坊以青砖为主，均为二三层结构。敦仁堂所有的石廊柱、木屋柱、抬梁、雀替、卷棚、藻井、匾额、楹联梁枋、牌坊等都保存完好。

胡氏宗祠是胡氏家族的总祠，又称“敦仁堂”。祠堂外有气势雄伟、色彩艳丽的院门，即朝天门大牌坊。院门朝东，与祠堂正门不在一条轴线上。据族谱记载，此门建于道光戊申年（1848），原来的门是面向西南以迎龙脉，谓“西墉门”。后族人觉得东面既有天马文峰，又有富水河曲折潆洄，灵秀之气全集中于此，于是封掉西南面的门，把院墙做高，再开门于东，寄寓朝着天马山，取名为朝天门。牌坊用青砖砌成，三层结构，檐角塑混泥卷草，鳌鱼、上塑魁星点斗，相传魁星是主宰科举考试的神，寓意为科举兴盛，多出俊才。

朝天门对面建有一个大照壁，照壁正中有一个大大的“魁”字，是文天祥的字迹，从文山旧隐中拓印过来的。两边的对联为：天马岭外千峰秀，富水河畔万木佳。这副对联描绘着陂下优美的自然风光。

由朝天门进入，穿过大院，潭溪胡氏宗祠的牌匾特别醒目，这就是胡氏总祠敦仁堂。大门口原有两尊石狮，现存一尊，另一尊为战乱所毁。敦仁堂始建于明代成化年间，扩建于明嘉靖年间，清康熙八年重建，咸丰年间重修。总祠占地面积2700平方米，祠堂宽度近30米，长约92米，穿

胡氏宗祠内景

斗式砖木结构，三进三天井式中带参亭布局。祠堂布局合理，建筑宏大，构思精巧，工艺精湛，参亭别具一格，过天井是二进，为祠堂正厅，也就是中堂，中堂檐步有四角亭式抱厦，伸入天井间，挂“宋参军府”牌匾。胡氏开基祖胡晃29岁授参军官，北宋仁宗嘉祐三年（1058）解职隐居陂下，故有此匾。中堂墙壁上高悬“敦仁堂” 牌匾，告诫胡氏族人要敦厚仁义。“敦仁堂”三个苍劲有力的大字为清代状元永丰刘绎所写，两边的对联“敦睦则九族皆亲毋忘水源木本唯有孝悌永和顺，仁让为一家之福要念祖功宗德无非忠厚世”，也是刘绎所撰并书写。中堂屋顶无藻井，挂一吉符，祈盼平安幸福。

敦仁堂的前进和中进之间两边有侧廊和厢房，双层，上面一层有木栏杆。后寝木柱上有清代举人乐安教谕胡友梅的对联：“敦庞成旧偌那堪事过境迁满地烟尘余浩劫，仁爱缅交情我亦源同派异一堂风雨宴清樽。”当

时胡友梅去赣南路过陂下，亲眼看到陂下村遭受战乱后残垣断壁的情景，写下了这副对联。

敦仁堂还是重要的红色革命遗址，是红军学校的先期校址，中国共产党赣西南第一次党代会旧址。1929 年 9 月，中国工农红军学校在这里正式创办，毛泽东任校长，朱德任政委，并亲自给学员讲课。不久，红军把学校迁到村内竹隐堂继续办学。1930 年 3 月 22 日至 29 日，根据“二七会议”精神，在富田陂下敦仁堂正式召开赣西南第一次党代会，选举产生了赣西南特委，刘士奇任书记，并决定将赣西苏维埃政府改为赣西南苏维埃政府，曾山任主席。这次大会是赣西南革命根据地正式形成的标志，使赣西南革命斗争出现了一个崭新局面，具有重要的历史意义。祠堂内外墙壁留存多个历史时期的宣传标语，对于研究中共党史、军史、红色文化的多元性构成，以及赣西南区域的传统建筑、社会生活、宗教文化，进行革

胡氏宗祠朝天门

命传统教育，有着重要意义，具有较高的文物保存价值。

陂下村的星聚堂是胡景星公的宗祠，始建于明朝成化年间，建筑面积857平方米。太平天国时被焚烧，现在大家所看到的祠堂是晚清时期由胡氏族人集资重新修建而成的。门前楼台是古式喜鹊聚巢双层三巢式木构，楼角翘起、泥塑卷草，楼栋东西泥塑鳌鱼，正中泥塑魁星点斗，正面三巢表面巢口均用吉祥文字，采用月光圆形布局。梁撑左右木雕公母双狮下山，梁托木雕龙、凤、麒、麟、兔、羊、鳌鱼等，形象逼真，彰显祠宇的高贵与豪华。

星聚堂的坐向是三折身，仔细观察，坊牌正对紫瑶山第一峰，大门正对甫公山，后栋正对紫瑶山第二峰。前墙左边短了九寸，右墙长出了九寸，这种建造样式别具匠心，饶有趣味。梁撑精美的回头凤配上美丽的牡丹花，显得高雅而秀美。顶部采用线纹形特制砖遮盖，中间设置着百宝瓷葫芦，设计独特而引人注目。内部中厅参亭，正面“科甲联芳”四个大字，反映出该房嗣人文辈出的盛景。祠堂正上方悬挂着“柱国名宗”牌匾，该牌匾因先祖胡盛曾经官至柱国公而得名。

星聚堂墙壁上有红白两种颜色的标语：白色标语为“拥护苏联”，为红军题写；红色标语为“红军兄弟不要为苏俄当炮灰”，为白军题写。这两种截然不同的标语，反映这里曾是红白两军重要的营地，再现了土地革命时期人们不同的政治立场。

星聚堂是中国共产党江西省委、江西省苏维埃政府四次重要会议的会址。1933 年 2 月，江西省委在这里召开永丰、公略、万泰、乐安党员活动分子大会。1933 年 4 月，邓小平在这里主持召开公略、万泰两县党团扩大会议。1933 年 7 月，曾山在这里主持召开公略等九县查田、查阶级总结会议。1933 年 8 月，在这 里召开了公略、万泰、永丰、新干、峡江五县党员代表大会，会议决定撤销公略中心县委，正式成立永丰中心县委，陈毅以省军区司令员名义在会上做了军事主题报告。毛泽覃也曾在这里主持召开了中国共产主义青年团积极分子会，并在会上做了报告。星聚堂对研究中共党史、军史、红色文化的多元性构成，进行革命传统教育有着重要意义。

胡氏宗祠外景

陂下的竹隐堂是胡简文公的宗祠，其门楼也是雀巢式，上塑魁星点斗、鳌鱼卷草。祠堂上方的“竹隐堂”三字，为明成化十四年（1478）状元曾彦的真迹墨宝。

相传曾彦考状元前，有一次卖猪崽，在陂下村歇歇脚。他看到很多人围在一张桌子旁，好奇心驱使他探头去看。只见陂下村一伙文人正在挥毫书写“竹隐堂”堂牌，左一张，右一张，反复写了很多遍，都不如意。曾彦年轻气盛，血气方刚，快言快语地说：“让我来试试!”陂下人一看是曾彦，心想你一个卖猪崽的会有什么能耐，脸上都流露出不屑的神情。曾彦也不管，憋着一肚子气，当即解下火脚布当笔，在大白纸上行云流水，一挥而就。当时陂下村的读书人死要面子，说写得不怎么样，并把它揉成纸团丢进了废纸篓里。等到曾彦走后，他们立刻捡起来展开一看，接连赞叹：“好字，真想不到一个卖猪崽的字竟写得这么好！”于是，他们决定用曾彦的字作为竹隐堂堂牌字样。曾彦后来中了状元，陂下村人再去求他落款，被他拒绝了。他年轻时题写的这块堂牌一直沿用至今，而且没有落款。

竹隐堂宽敞明亮，前后空地大，便于训练，大革命时期是工农红军学校旧址。当时的“工农学校”也叫“红军军官学校”，从敦仁堂迁到这里，是红军的第一所正规学校。毛泽东任校长，朱德任政委，陈东日任教育长。教官多为黄埔毕业，分步枪、迫击炮、特种三个大队，受赣西南特委领导。朱德经常到这里向红军将士讲授军事理论知识。据村中老人介绍，朱军长是从吉水水南过来，上午讲课，下午仍返回，很少在这里住。

陂下的乐善堂为胡接辉公名下的宗祠，其门楼聚巢式，门楼牌匾是“柏台乌府”。汉代朱博为御史，他的府中有柏树，树上有乌鸦，故后人以柏台乌府称御史衙门。胡接辉官至监察御史，故以此为匾名。祠堂始建于清朝中期，建筑面积 219 平方米，穿斗式砖木结构，一进一天井式布局，保存完好。土地革命时期是红军学校学员宿舍驻地。1929 年 10 月中国工农红军学校驻扎陂下村，学员在敦仁堂上课学习，在乐善堂住宿。学习、生活场所距离不远，非常方便。

陂下还有很多各具特色的祠堂。学贤堂，建于清嘉庆十五年（1810），祠堂两边的院墙呈八字形倾斜，人们称之为八字墙，墙与强谐音，寓人丁兴旺之意。瑞公祠，即志善堂，原名吉瑞堂，为避讳该房先祖吉瑞公而改名志善堂。《尚书》中说：德无常师，主善为师。后人以“志善”做堂名就是要求族中子弟求仁求善，提高自身修养，有益于国家和社会。志善堂始建于清朝中期，面积 244 平方米。穿斗式砖木结构，一进一天井式布局，前檐泥塑人物、马头墙泥塑花卉，做工精巧。门担人物石雕、细致入微。内柱梁托、神龛，雕刻精致，线条流畅，保存完好，有较高的艺雕价值。

志善堂是土地革命时期公略县委的保卫局旧址。1932 年 8 月，中共公略县委、县苏维埃政府从水南迁往富田陂下村，公略县的直属机关、保卫机关一并进驻陂下，公略县政治保卫局驻陂下村志善堂。该局为公略县下属机构，其任务是保卫机关、干部安全，审查混入革命阵营中的不纯分子，确保县委安全。

潭滨堂为景渊公后代伯瑜公的祠堂，始建于明朝中期，清末维修，占地 1506 平方米，穿斗式砖木构架，二进一天井式布局，保存完好。土地革命时期，为公略县“红军模范营”驻扎地。红军模范营是红军独立师第五师前身，1932 年上半年，上级决定将公略县地方武装改编，组建“红军模范营”驻潭滨堂，模范营改编为公略独立团，后扩编为红军独立第五师，肖克任师长，毛泽覃任政委。该师在此后的反“围剿”和坚持牵制敌人的战斗中，立下了不可磨灭的功勋。

启正堂是明代胡接辉的家祠，又称察院第。胡接辉仕于晚明，官至监察御史，晚年辞官归乡后，将一生省吃俭用而节约下来的积蓄用于维修宗祠、修纂宗谱、护庵筑堤、置办义学。启正堂前面的照壁上有副对联“言易招尤对朋友少说几句；书能益智劝儿孙多读数行”，横批“留有余地”。胡接辉没有给后代留下什么财产，只留下了这两句金玉良言，让我们深深思考人生的哲理。另外，胡接辉编选的《三忠文选》，选录宋胡铨、周必大、文天祥之文，复旦大学图书馆藏有此刻本。

# 戚氏宗祠

赣州市 赣县区 夏府村

江西省省级历史文化名村
中国传统村落

赣县湖江镇夏府村，以戚、谢两大宗族为主，具有典型的客家传统宗族社会结构。但是，他们的祠堂和江西其他地区的祠堂一样，都是以宗祠为核心，再配建若干分祠、若干支祠的多层次的祠堂组织系统。夏府村戚氏家族，以追远堂为总祠，祭祀夏府戚氏祖先；配建分祠五座，分别是久大堂、宝善堂、敦本堂、锡庆堂、聚顺堂。随着各房的繁衍壮大，人丁增长，各房又分为若干支房，支房又建立祭祀该支房祖先的支祠，如聚顺堂下面又建立了万鹏堂、含光堂、敦仕堂、绳武堂等支祠。如今，夏府戚氏上述的祠堂绝大多数都已倒塌或拆除。其中，保留最为完整的、也是戚氏祠堂系统中历史最悠久、规模最宏大、地位最重要的是戚氏宗祠。

戚氏宗祠又称“追远堂”，位于夏府村头，坐北朝南，为仿宋建筑。据祠内石碑和戚氏族谱记载，初建于宋景定年间，后经明万历己亥年（1599）、清康熙壬子年（1672）、乾隆庚子年（1780）、光绪丙午年（1906）等九次重修，为青砖瓦面梁式结构，“品”字形风火墙，墙体出瓦面，三厅二天井设计。该祠堂的东西两角原有两棵金鸡纳树，现存一棵，另一棵在大炼钢铁时被砍烧。这两棵树苗是由民国初年南洋华侨学校校长戚修祺，从印度尼西亚带来种植的。当时夏府村医疗条件有限，而当时疟疾（又称打摆子）盛行，难以治愈。用金鸡纳的树叶煮水喝，可治此病，于是，戚修祺不远万里将种子带来种植以造福乡梓。现存的这棵树已高达数丈，两人展臂难以围抱，其主干部位还寄生榕树和阔叶桉。此树高大，可治疟疾，一树三种，人们称为“南洋奇树”。在树的对面立有一根拴马石，原为木桩，后在1906年改为红砂岩石柱，柱上刻有“大清光绪丙午年立”的字迹。

追远堂大门牌坊造型为云母花岗岩石门框，门前两边置放石鼓猴头一对。大门上方横书“戚氏祠堂”，竖刻“世封侯爵”，意为戚氏族人在汉代有戚鳃封为侯，明代有戚继光受封为爵。大门两边石门框上刻有“世系出临辕昔自苏州分派，堂基开宋代频看赣水发祥”的楹联，意指戚家在宋代由苏州迁到夏府。大门两边还有“耳门”，门上方书：左为“入孝”，右为“出第”。意思是在家里对老人尽孝，出外仕途发达。大门的两旁石鼓上刻有猴头，说明该祠出了封侯的武官人物。祠内共有十八根红砂岩石柱，刻有书法精美、技艺高超的楹联。祠内石柱楹联共十四对，构思奇巧熨帖，如前厅后堂石柱联：“东海祥开侯封七叶，西江派衍秀发五枝。”简练精当地表述了戚氏开宗立派的繁衍过程。又如中厅石柱联：“联血族崇尚武精神实纪新书勿忘祖烈，承先志辅佑文治理儒行经籍蔚为国光。”戚家自古具有尚武精神，历来出武官。戚继光是该祠的后裔，他写了一本与《孙子兵法》相似的兵书，名为《纪效新书》。楹联中的“实纪新书”说的就是戚继光著《纪效新书》一事。

追远堂中厅非常讲究，厅有中门，两边各一“耳门”通上厅，遇有达官贵人、重要人物，便“大开中门”迎接，一般客人不开中门，从两边“耳门”进入上厅，中门的木门槛高为九寸，宽三寸。中厅两边墙上，由朱熹所书“忠、孝、廉、节”四个大字。据族谱记载，在宋代即有这四个字，可惜在“文化大革命”时被毁，现残留石刻痕迹。上厅六根石柱上刻有三副楹联：“支从吴国而分赖有子孝孙贤博得炽昌至此，族自浒江乃大若非

戚氏宗祠追远堂

宗功祖德焉能繁衍如思。”说明“三国”时期苏州属“吴国”领地，夏府戚家是从“吴国”迁来的客家。上厅左通道竖有三块大石碑，分别是大明万历二十七年“重修戚氏祠堂碑”、大清康熙二十年的“追远堂七修碑”、乾隆四十五年的“重修戚氏祠乐输碑”，翔实地记载着夏府戚家修建宗祠的缘由及过程。这三块碑石，都是国家一级保护文物。戚氏追远堂，作为民族英雄戚继光的祖祠，已于 2007 年底公布为省级文物保护单位。

夏府村戚家还有分祠聚顺堂，位于村中心，坐东向西，始建年代不详，清康熙四十年重修，现存祠为民国九年再建，总体建筑结构与戚家总祠“追远堂”相仿。据村里老人回忆，夏府村内的古驿道，穿聚顺堂的大门前南北院墙的两拱门而过。

聚顺堂门前有半月形水塘，为夏府村内的排水中枢。村内南北两边的水流入水塘中，汇聚后经一水渠反赣江流向。祠堂大门上方有一黑云母花岗岩板材竖刻着“戚应元公祠”，下方还有同一石质的长方形石板，刻着“应运开元”四字。该祠最大的特点是门头牌坊上的雕塑色彩鲜艳，异常绚丽，栩栩如生。如“应运开元”四字的左边为薛丁山征西，右边为穆桂英挂帅的故事画面；两边檐水立处有双凤朝阳的雕塑，显得活灵活现；门头牌坊上的画面，不是飞禽走兽，就是花木虫草。聚顺堂的大门两边的两耳门门头上，左书“緯武”，右书“經文”。本来“文武”两字连句，“文”字在前或在左边，“武”字在后或右边，这里为什么反其道而书呢？这大概是与家族史有关，戚家从古至今出武官，世代尚武，因此把武字书左边。

聚顺堂在“文化大革命”时期是大队部，破坏得很严重，祠内柱联大部分已被毁，现为含“文化大革命”时期带政治色彩的楹联或口号，现已无法恢复原貌。祠内对联除北墙“福”字窗联外仅保留了三联，一是大门联：“人杰地灵龙蟠虎踞， 物华天宝凤起蛟腾。”二是中堂中门两边的孙文题联：“蔚和平景象，振国是风声，发扬章贡英灵崆峒秀气；恢家族规模，建民治基础，光大楚丘宏业阀阅宗功。”为什么孙中山先生会赠联于此呢？根据湖江史志记载和后裔所说，夏府戚坦天在辛亥革命中做出过巨大贡献，在重修祠堂时，孙文赠联于此。现此联下方几个字在“文化大革命”时被毁，现存落款“孙文”二字较为模糊。三是前厅戏台柱联“聚今古奇观放开眼界，顺中外大势立定脚跟。”蕴含着开放创新、吸纳新知

聚顺堂

的先进思想。

聚顺堂和戚氏宗祠追远堂一样，都有前后两个天井，前天井都为平的（天井地面与前厅地面持平），后天井不但低洼下去，而且中间突出砌有一长方形水池，这是夏府天井建筑的一大特色。一般徽派建筑的天井只是低于该房屋的地面，没有平的，也没有中间突出一水池的天井，夏府天井建筑特色的形成，究其原因是这样的，中华人民共和国成立前每逢农历八月，都要请戏班子到夏府演出，下午一场，晚上一场，哪个祠堂的公产出钱，就在哪个祠堂前厅的后堂搭台唱戏。而前天井的位置是看戏的绝佳位置，既能看清又听得明白，如果前天井低洼下去，到了晚上，不小心容易摔跤，为了不影响观众，所以前天井建成平的。祠堂的后厅是祭祖的地方，原来香火很旺，哪里失火马上可以从天井水池中取水扑灭，具有消防功能。原来水池正中置一假石山，可养金鱼，具有观赏价值。另外，按风俗用红的小鲫鱼或小红鲤鱼祭祖，祭祖后将鱼放生到水池中，多了放入赣江，又是放生池；可说一池三功能。从夏府天井建筑的特色既可看出客家人不拘泥于徽派建筑传统的束缚，又注重实用价值的创新精神。

聚顺堂福字墙

聚顺堂后厅北边，面向附属建筑墙上有一窗，由五朵彩云、一个桃、一只鹿组成一个“福”字，可谓五色祥云照“福”字，其构思精巧无比。窗两边有一联：“聚族明伦融和上下，顺天安命感召祯祥。”窗上方横批“为善读书”，落款“中山人”。因聚顺堂的附属建筑在古代是私塾，抗战时期是一所小学，故书“为善读书”，也就是说求学必须培养良好的道德修养，心地要善良。落款的“中山人”，其真实姓名为刘焕，为金国人，小时候与母亲相依为命，后因战乱被围困，因城中缺粮，刘焕煮糠吃，米饭留给母亲吃。刘焕长大后发奋读书，天德年间考中进士。刘焕寓居夏府村，他的孝顺事迹感动着后世村民。

夏府村除了戚氏家族外，还有个大家族就是谢氏家族。南宋隆兴（1164—1165）初年，由于金兵入侵，谢氏在开山祖谢端卿的带领下，从吉安迁到湖江夏府定居。谢家的祠堂总祠为报本堂，分祠为谢仲云之后的四个分房而建的，这些分祠分别为：毓秀堂，为仲云长子明叔房的祠堂，建成于明成化元年（1465）；吉聚堂，为仲云次子英叔房的祠堂，建成于明嘉靖三年（1523）；立爱堂，为仲云三子朝叔房的祠堂，建成于明崇祯七年（1465）；孝思堂，为仲云四子文叔房的祠堂，建于明成化十五年。在谢氏分房之后，因各房的发展情况不一，个别房发展繁荣遂再分房，其支房下又建支祠。例如朝叔房下的支祠有庆远堂、来燕堂、思亲堂等。除以上祠堂外，还有一个较为特殊的祠堂，也是如今夏府谢氏祠堂保存最为完整的祠堂，即现存的敦五堂。敦五堂是夏府谢氏所有祠堂中修建最早的，建成于元大德四年，修建者为端卿公的单传嫡孙谢仲云。如今，谢氏其分祠、支祠都不复存在了，总祠报本堂被炸塌至今尚未修缮，唯有敦五堂保存得较为完好。

报本堂为夏府谢氏总祠，因遭受爆炸和火灾只剩下一些残垣断壁。1938 年，该祠被政府征为制造武器弹药的兵工厂，一、二进用作车间，三进为办公室及保安人员驻地；其附属建筑为仓库。夏府兵工厂的全称为“江西省安保处军械修造所”。来自各地的管理、技术人员和生产工人400多人，随同家属300多人，驻扎在夏府。该所主要制造和修理枪支弹药，在抗日战争时期起了重要的作用，生产的“夏府造手枪”在解放初期仍为当地公安部门使用。1945 年 8 月日军途径夏府时，投掷了手榴弹引爆了弹药库。据老人回忆，当时爆炸声震天，厂区一片火海，之后只剩下祠堂的最后一进残房，车间与弹药库全部被烧毁。如今残房成为村里造船修船的一处场所。

距聚顺堂北面不足五十米处，有一栋坐北朝南，两进一天井的仿宋建筑，即为谢氏敦五堂。它是保存最完好的谢家宗祠，小巧玲珑，工艺精美，

谢氏宗祠“敦五堂”

为清末重修。敦五堂大门上方的黑云母花岗岩牌坊门头上竖刻着“理学名臣”四字；意表谢家自古出文官，崇尚理学。在“理学名臣”四字上方，雕刻有两只麒麟献瑞。牌坊式门头东西两角沟檐水出口处的两只大红鲤鱼雕塑相互呼应，栩栩如生，色彩鲜艳。每到雨天，雨水从鲤鱼尾流入，从鱼嘴喷出，形成鱼喷泉图。敦五堂大门左右两边有一对石鼓，所雕刻的头像与戚家祠的不同，它是眼珠突出，长有胡须的狮子头像。该祠前栋风火墙造型似汉唐管帽，后栋风火墙造型似波浪状腾空而起的一条龙，这种造型的风火墙与戚家品字形的风火墙功能相同，建筑风格却大异其趣。风火墙的前栋左前上一个台阶的瓦檐下雕塑着彩云间的一把古琴，后角瓦檐下雕塑着一带子的棋盘；右前上一个台阶的瓦檐下雕塑着一本蓝色封面，掀开一角，字迹清楚的线装本古书，后角瓦檐下雕塑着两卷画，这四个画面色彩鲜艳，形象逼真。后栋风火墙前上一个台阶的瓦檐下雕有龙尾，下一个台阶瓦檐下雕着一只凤。前栋雕有琴、棋、书、画；后栋则雕有龙凤呈祥。还有后栋风火墙下一台阶的正面雕有一朵菊花，菊花寓意清高，这与谢家历来所出文官的气质甚合，前栋左风火墙下一台阶檐下有一蓝色绘画的麒麟，右风火墙下一台阶檐下有彩墨绘画的一只大象；加上大门前的狮头，构成“麒麟狮像”；与风火墙檐下“琴棋书画”，“龙凤呈祥”等图案都表达了客家人对美好生活的向往。

敦五堂内景

跨进敦五堂内，只见雕梁画栋，金碧辉煌，连接上下厅上边骑楼的花窗护栏下部木屏绘着一幅幅水墨画，画面各异，给人以美的艺术享受。最具特色的是，前厅上方的藻井是组合成“万”字图案，其上的如意斗拱，面向上厅伸出的每一厅伸出的每一根木头顶端皆为龙头。如意斗拱东西两眼翘角下各挂一铜质风铃，起风时叮当作响。它的下方倒悬着四根短柱，每根柱头各自有一个雕花绣球 ，靠大门的两个绣球是实心的，靠天井这边的两个绣球的空心的，这两个空心绣球是在整根的短柱头上镂空的，其工艺难度可想而知，堪称一绝。斗拱面向后厅的斜面上还排列着描金的花朵，在描金花朵的下方横书“歌怀康乐”四字，这四字两头的木雕，左为凤，右为鹿。敦五堂内立十二根红砂岩石柱，每根柱上都刻有楹联。其中最引人注目的楹联是：“先人以燕翼贻谋，无论为文德为武功，永诏允推贤子弟；地势得象山灵秀，从此产英雄产豪杰，勋名彪炳泰东西。”

夏府戚、谢两姓祠堂均采用整根的红砂岩石柱。夏府当地没有这种石材，古时没有现代交通工具，从外地运到夏府极为困难。据夏府老人家说：因夏府在赣江边，先人们利用水运优势，用几层厚的木排运来。运之前用一寸直径的稻草绳缠好，到夏府靠岸后，抬之前，再用草纸裹缠石柱之身，用篁竹篾子扎好再抬上岸，中途休息时要十分小心，平平的放下来，因这种石材质地很脆，容易断。依照古代技术，要把这些石柱运回，并在设置好的地点竖立，不是件很容易的事，由此可看出，先辈们细致认真的工作态度。

敦五堂后厅的两根立柱和左右两厢房拱门都有装饰雕塑。立柱是罗马教堂式的模样，柱头上塑着一朵牡丹花，牡丹花寓意着富贵。拱门的弧形雕塑着太阳的光芒，代表了西方人信奉太阳神，拱门弧形顶部左雕一对石榴，右雕一对桃；两石榴上书“爱国”，两桃上书“明伦”。这种装饰可说是中西文化的交融，体现了中西合璧的建筑风格。为什么谢氏祠内会有这种装饰物呢？是因为它是在清末宣统元年装饰的，带有当时的时代特征。另外，在谢氏有位叫谢成圭的俊才，为清末京师大学堂的教授。谢氏祠内这种中西文化交融的装饰物与这两者是有一定关联的。该祠后厅八角形藻井绘有双龙戏珠图案，长方形的藻井绘的是双凤朝阳图案，两藻井绘画色彩鲜艳，栩栩如生。

敦五堂存放祖牌的花窗都保存得完好无损。为什么会比戚家两祠保存得更完好呢？因为戚氏追远堂在1990年前是国家的粮库，戚氏聚顺堂在“文化大革命”时期是大队部，所以破坏得较大。谢氏敦五堂在“文化大革命”时期是一个生产队的仓库，每个月发口粮时只开一次门，平时大多时间锁着，自然保存较为完好。

# 恢烈公祠

赣州市
赣县区
白鹭村

江西省国家级历史文化名村
江西省省级历史文化名村
中国传统村落

赣县白鹭乡白鹭村地处赣县边陲，与兴国县和万安县接壤，被称为“一脚跨三县”。其建村800多年来，基本上没有外来移民杂居，形成同一祖宗的钟氏家族村，在客家古村落中颇为典型。据民国三年修纂的《钟氏族谱》记载，当时白鹭村有69座堂屋祠宇，街道祠宇和民居建筑形成了白鹭村天一池、二义仓、三元宫、四逸堂、五福第、六角亭、七姑庙、八角井、九成堂、十字街等10处街坊景观，成为赣县的一方名村。

世昌堂为祭祀开基祖钟舆而建，现为白鹭钟氏的总祠。据《钟氏族谱》记载，钟舆为唐越国公钟绍京的十六世孙，生于宋绍圣二年（1095），

恢烈公祠

葆中堂

世昌堂

在四十多岁时携妻与两个儿子迁居白鹭。世昌堂为南宋末年修建，后经九次翻修，现只剩天井和前面的围墙是原物。围墙上书有“越国世家”。因为钟绍京为三国时期魏太傅钟繇之十五世孙，辅佐李隆基取得平息韦后事变的成功，被唐睿宗进拜为中书令，加光禄大夫，封越国公，享一品，为当朝宰相，白鹭开基祖钟舆为钟绍京后代，故书此四个字。

白鹭村的祠堂从使用功能上可分为两类：一类是专门奉祀祖宗神位并举行“辞祖”仪式的祠堂，当地叫“专祀型”祠堂，如世昌堂；一类是既聚居人家，又奉祀祖宗神位的祠堂，当地叫“居祀型”祠堂，如恢烈公祠。

恢烈公祠地处白鹭村偏西的北面后龙山下，是一座规模宏大，装饰精美的大型建筑，南北纵深百米，正面宽约 40 米，占地 2637 平方米，为乾隆年间清太学生、布政司理问钟愈昌所建，前后三栋连成一体，2006 年被列为省级文物保护单位。整个建筑南面有两段麻条石阶，第一段石阶上原是平台，有座牌楼，上书“接官亭”（“文化大革命”时被毁），西侧是马厩和停轿亭。第二段石阶上是宽大的门坪，坪前威风凛凛地矗立着一排六组分别雕刻有功名的“旗杆石”。

恢烈公祠是一座规模庞大，精致雅美的三栋连体建筑。前栋叫“葆中堂”，又称太守敬公祠，中栋叫“礼卿堂”，后栋叫“恢烈祠”。这座连体建筑原是钟愈昌为其三个儿子所建的宅邸。后来，老大钟崇倌在京城为正蓝旗教师，教皇亲国戚子女读书。老三钟崇俨在嘉兴任知府，最后官至兵部侍郎。老二钟崇撰也很有才，但他尊崇黄老，对考取功名没兴趣，就在家里，把家治理得井井有条，又很有孝心，喜爱文物。其他两兄弟在外为官，既念及他在家持家的辛苦，又知他喜欢文物，每次回来总会带些他喜欢的东西给他，所以他虽没当官，但家里文物最多。老三钟崇俨功名最大，位居前栋，二子崇撰和长子崇倌分别居中栋和后栋。

前栋葆中堂原是太守钟崇俨的起居处。祠堂大门两侧为用青岩石雕刻而成的浮雕“三狮争绣球”造型的抱鼓石。其雕刻精美，造型生动，富有动感。进入“葆中堂”门内，在左面的照壁上（右面已毁），用灰塑有龙、蝙蝠、“寿”字等吉祥图形——好一幅“双龙福寿”图。其线条简洁、明快、起着装饰及建筑隔断作用。中间原大厅为祭祖、会客、宴饮之所。这里曾是铁板铜琶，笙箫簧管，轻歌曼舞，一派歌舞升平的景象，赣州东河戏即发源于此。

中栋礼卿堂为宫廷式建筑，大门设在东面侧墙，建筑布局具有江浙园林气息，而建筑装饰艺术则尤为精细。天井中有两株 550 多年、一大一小的“夫妻”罗汉松。其中大的是雄罗汉松，小的为雌罗汉松。雌雄罗汉松分工明确，雄罗汉松每年农历三四月间开花但不结果，雌罗汉松则每年四五月间挂果却不开花。大厅主柱均裹以麻布，涂以黑漆，柱子上方一对雀替刻制精美绝伦的木圆雕“狮子争绣球”，神态威严，气势凌人。厅堂中间摆有用特别原料制作的皇家专用品——故宫铺地“金砖”（66 厘米见方、厚 8.5 厘米印有“金砖”字样，1977 年有关专家考证实为故宫外流之物，只是没有文字记载，因而不能把它拿回去）一块；两边是雕有狮头的花岗岩石鼓坐墩一对；还有宽大气派的太师椅和诰封祖牌等物。厢房摆有太守钟崇俨睡过的，由南洋花梨木雕成的“五福团寿”花床一张；还藏有成亲王书赠的木对联一副，书曰：“秩叙昭宣弥纶广大，文章挥霍倾吐宏深。”令人惊叹的是屋内的格扇云母片花窗，十六扇花窗镶着上千块珍贵的云母片。这些全由手工磨制而成的云母石片，呈半透明状而又闪耀光彩，色彩典雅，高贵，透光强，又能保暖，堪称江南民居窗饰一绝。这栋建筑，专家们把它定性为宫廷式建筑，说只有在皇宫、王府里才能见到这样精美绝伦的装饰，在民间是见不到的。

前栋葆中堂和中栋礼卿堂之间的楼廊过道纵横交错，曲折相通，入内如入迷宫一般，仅大小天井就达 16 个。后栋恢烈祠占地面积最大，除厅堂楼阁外，还建有花园假山，只可惜在清咸丰年间为石达开残部炸毁，只剩西侧一排边屋。

在白鹭村，还有由两座农民建造的祠堂，即书箴堂和佩玉堂。书箴堂建于光绪年间，佩玉堂建于民国初年，是白鹭村建造时间最晚的祠堂。白鹭族人大多经商和做官，那些高大的祠堂也多为他们建造，只有这两栋祠堂的主人是纯粹的农民，他们用一辈子的积蓄建造了这两栋祠堂，其用意再明白不过，就是要证明：不经商不做官，纯粹的农民也能赚钱光宗耀祖。据说佩玉堂主人最勤俭，他不但农忙时努力耕种，平时勤俭节约，而且在农闲时还到外面去乞讨。经年累月，他存积了大量钱财，到晚年盖起了这座佩玉堂。佩玉堂建筑面积不大，但小巧别致，重视建筑的装饰。防火山墙上的灰塑人物浮雕栩栩如生，脸部表情神气活现，门楼的装饰富丽堂皇，使用的是灰塑浮雕表现手法。天井两边的木雕花罩格扇上雕刻有花卉、动物等图案，做工细腻，造型美观，雕花窗下绦环板上的木浮雕人物造型（四个人物一组、两组一对）栩栩如生，文官、武将、判官都有，神态各异，具有典型的江南木雕风格，民间风味十足。这样，建筑装饰灰塑与木雕浑然一体，实墙与飞檐交相辉映、丽而不艳、媚中含庄，妙不可言。其精妙之处还在于佩玉堂建在一片低洼水田中，其周围全是水田，屋内地面也只

祠堂中的花格窗

高出门前池塘水面 70 厘米，然而建于水田池塘间，但屋内地面却十分干燥，故而村民称之为“莲花出水”。

白鹭村 69 座祠堂，无论大小，都有一个做工讲究的门楼。只要从民居古建筑的门楼外观，人们就可以大体判断出建筑主人的等级地位。69 座祠堂造型不一，但一般都有门楼式门罩式及八字形、平面形等多种门楼形式，门楼上还有龙、凤、麒麟、狮子、蝙蝠、各种花卉等作为祥物寓意吉利。在正门的门额上常题写字碑，表明此建筑主人身份、文化修养，或题吉祥字，或标示此建筑物的使用功能。

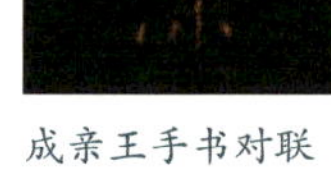
成亲王手书对联

祠堂是白鹭村古代建筑的精华所在，与其他江西古村祠堂相较，表现了独特的形态特点。一是居祀合一、古朴实用。白鹭村的祠堂中，“居祀型”祠堂占大多数，“专祀型”祠堂极少。二是高敞宽大、巍峨壮观。白鹭村的祠堂建筑布局一般多为三开间、二进或三进，分门屋、享堂、寝室，或者设有门屋。宗祠每进一层，地面就或大或小地升高，到最后一进，地面成为整个祠堂的最高点，这种方式叫作“步步高”，有吉祥之意，如葆中堂、鼎福堂的建筑。三是构造独特、富丽堂皇。以洪宇堂为代表，这是白鹭村目前尚存的年代最早的建筑之一，为钟氏分祠，建筑构造十分独特，以斗拱式和穿斗式木架结构的建筑为主，特别是檐下五层、层层挑出的斗拱可以把向外伸展一米多的大屋顶的重量传递到柱上，显示出屋顶的气派，其门楼花团锦簇、富丽堂皇，红漆木雕彩绘，有花卉瑞鸟等喜庆吉祥图案，做工极为细致。四是工艺精湛、装饰华丽。每座宗祠，从前门廊至最后的寝堂祖龛，无论砖、石、木构件、无不重工修饰，抱鼓、柱础皆以青石为主，梁架出檐的斗拱、雀替，皆为精美的木雕，雀替、斜撑、丁头拱等，也都精雕细刻，堂中供桌、香炉等，也莫不是工艺上乘的艺术品。五是悬匾镌联、品位较高。宗祠正门上方和上堂皆有匾，堂匾皆为巨大的木匾。如“钟氏宗祠”“兴复堂”“毓祯堂”“景福堂”等，祠堂的中下堂及前天井间多置石柱，柱上镌刻对联，对联多为普通木联，也有嵌瓷长联，珍贵收藏当中还有无字雕花木联和成亲王书赠的金字木联。

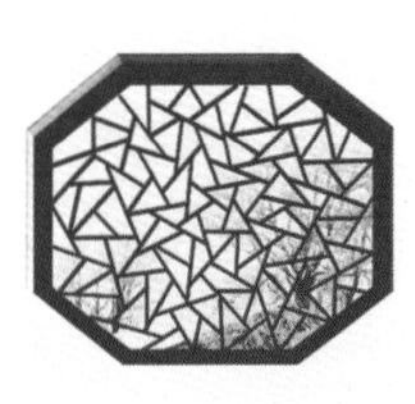

# 第二章 斯文有幸见回澜

——书屋

江西自古以来一直重视教育，除府学、州学、县学之类的官学外，还广办书院和私塾。唐大历六年（771），江西观察使魏少游和副使李泌在丰城罗山创办了罗山书院，这是在江西乃至全国第一次以“书院”冠名的教学场所。罗山书院当时是在魏少游、李泌的推动下，动用隆兴府的地方政府力量，以官方名义办学。到了唐末和五代，私人创办的书院日益增多，例如唐末时期，原庐陵郡倅刘庆霖，因朝廷精简官员而遭裁减，战乱后无法归家，流寓隐居永丰，建成吉安的第一个书院——皇寮书院。不久，吉水建有登东书院、兴贤书院。五代时期，一些官员退隐回到家乡，在社会责任感和使命感的驱动下，在乡里创办书院、书堂并从事讲学活动，如前国子祭酒幸南容在高安创办桂岩书院，前端明殿学士罗韬在泰和创办匡山书院，这些书院带有私人性质或家族特征。到了北宋，民间崇文重教蔚然成风，家族办学成为人们的共识，村落中的书院日益增多。以宋代的吉安为例，史料可考的书院就有65所，这些书院都是官学教育的有益补充。

和家族书院相比，私塾的数量更多，也更为广泛。私塾发轫于春秋时期，历时两千余年，与科举制度的关系也十分紧密，有多种表现形式：一是塾师自行置办的门馆、教馆、学馆、村馆、书屋；二是地主、商人设置的家塾（坐馆）；三是地方、宗族捐助聘师所设的义塾、村塾、乡塾、族塾（宗塾）。古代私塾是封建社会私学文化的象征，为古代教育理论和教育实践做出了重要贡献。在官学制度创立前，私学承担了几乎全部的教育任务，使古代文化得以保存和传播，促进了不同学派的发展，官学制度建立之后成为其重要补充。

乡村书院的建设一般要动用整个家族的力量，但并不是所有家族都能建得起书院，越是贫瘠的乡村就越没有财力来承建。而私塾，只要有一间房、一位饱学的先生和一些束脩，就可以创办起来，为贫寒子弟传播知识与道义。于是，在江西乃至中国各古村，私塾的数量远超过书院。可以说，作为乡村子弟读书取仕的场所，私塾在公共建筑中的重要性仅次于宗祠。私塾一般都建在宗祠附近，或者其他风景优美的地方，既可安静地读书，又可感受人文的氛围。

教馆、乡塾、村塾、家塾，连同乡村书院一起，遍布江西各村落。子弟们读书应试，出人头地，成为关系整个家族兴盛的大事，也是光宗耀祖、提高家族声望和地位的唯一途径。各地的乡村书院和私塾在培养人才、传播理学等方面，发挥极其重要的作用，使得崇科举、重节义的风气在江西这片土地上深入人心，既创造了江西文化史上的科举奇迹，更是在山野田畴之中为社会和民族提供了基础的教育服务。在现当代的进程中，大量书院和私塾消失在城市化建设中，但仍有相当部分保留在古村中，使我们今天能窥见古代的教育环境。

# 云溪学馆

## 婺源县理坑村

江西省国家级历史文化名村
江西省省级历史文化名村
中国传统村落

婺源县沱川乡的理坑村，虽然地处“吴楚分源”、处于丛山峻岭之中，但是深受婺源读书风气的影响。光绪《婺源乡土志》记婺源风俗时曾说：“婺人喜读书，虽十家村落，亦有讽诵之声。向科举未停，应童子试者，常至千数百人。”民间至今也仍传有“山间茅屋书声琅，放下扁担考一场”的谚语。自宋至清，全县经科考中进士者 550 名，举人 919 名，七品以上仕宦者 2665 名，历代文人学士留下传世著作 3100 多部，其中 83 种 1345 卷被选入《四库全书》。婺源人文鼎盛，诚如清康熙年间詹养沉所说：“南国之有星江（婺源），犹东鲁之有曲阜也。”正是在这样素重教育、文风昌炽的读书之乡，位于僻远山陬的理坑村也崇尚读书，多建书馆。

理坑村自身的文化底蕴非常深厚。据《沱川余氏宗谱》载：沱川余氏始祖余道潜，与朱熹的父亲朱松是宋徽宗重和八年（1118）同科进士。余道潜后代余景阳，于南宋开禧二年（1206）迁居理坑。理坑当时取名为“理源”，意为理学渊源之地。因为有条小溪侧绕而过，小溪在当地称为“坑”，所以后来人们改名为理坑。在这个与理学有深厚渊源的地方，读书一直为余氏族中的大事。

据民国《婺源县志》记载，理坑村在历史上，除余懋衡建有“明德书院”与讲学处“乾惕斋”外，另有余鋆建的“先天馆”、余世儒建的“中心精舍”、余懋学建的“最闲馆”、余懋孳读书处“紫光楼”、余垣讲学授徒处“宝晖楼”等。这些馆塾与斋轩，均为族人会文与教化乡闾子弟的场所。明代乡人余绍祉有诗赞曰：“荒城百物逊他乡，惟有奇书出紫阳。徙宅时将三十乘，焚香日读数千行。散余欲灭神仙字，聚处常分太乙光。要识晦翁真面目，好来此地问津梁。”理坑这个偏远闭塞的深山小村，就是凭靠余氏族村人的发愤攻读，经科举取仕之途而立名于世。

今日理坑，村中仍保存有曾办过书屋学馆的建筑两幢，分别为“云溪学馆”和“学堂屋”。云溪学馆，即现存的云溪别墅，位于村落东北角，由村人邑庠生余启宫（字佐卿）建于清道光年间（1821—1850）。房屋大门朝东，专此设置，据说是为了让早读的学童们沐浴晨曦。大门石库门枋上为垂花柱式门头，额枋上刻有“云溪别墅”四个大字，门罩飞檐翘角。大门倒座，为木结构重檐门楼，八组斗拱挑出两对戗角。门楼的额枋上雕有一组“仙鹤图”，图中仙鹤神形兼备，有呼之欲出之态。门楼内左右两侧，各置有一排靠椅，当地人称为“美人靠”。进门后是一个宽大的庭院，庭院内花木扶疏。房厅设在门楼右方，面南，一进五开间，宽敞明亮；厅左右两边设有厢房；整个房厅前檐下用木板卷棚。房厅的额枋上，雕刻着一幅“双凤朝阳”图，精致而华丽。楼上正中三间通间用隔扇，边侧两间亦设隔扇窗；疏棂细细，轻盈素净，轮廓线十分柔和。云溪学馆看上去朴实无华，其实非常富有活力，这是一种古典的、清雅的、静穆的美，它透出的艺术品位远胜那些“百工”“千工”的精雕细刻。我们可以遥想当年，这里“谈笑有鸿儒，往来无白丁”的论学情景。

从云溪学馆的空间布局可以看出，因为理坑山多田少，地狭人稠，大规模的园林建设用地条件不允，所以众多的民居只能在房前屋后或侧旁的有限环境中，精心进行构园设计。园内植花木、叠假山，引水掘池，置石桌石凳，造出“绝迹天机，雅淡自然”之趣，使之“虽由人作，宛自天开”（明·计成《园冶》），充满诗情画意，即步可吟。另外，通过园墙景洞、花窗透隔、厅堂连廊径畅相通，各部分彼此依托相辅相成，形成“门外青山如屋里，东家流水入西郊”之天人合一的意境。我们由此可以联想到，在房屋密集，巷道幽深的理坑村落内，各家庭院能因意立筑融个体于群体之中，关键在于采用了“邻借”手法，引围墙相连或巷道之隔的庭外风光入室，引来“桃花似火喷墙外，翠绿竹荫借东家”的互生互借景致。除了邻借之外，还围绕庭园采用“远借”“仰借”“因时而借”的手法，即使人登上楼厅，凭栏而视，罗群峰于户内，列溪河于窗前，舒展千里目，借得山川秀，添来景物新。又以雨雪晨昏各有佳景而“景借四时”，将时、景、情互借互生，描出意趣盎然的庭园风情。

云溪学馆远景

云溪学馆近景

在云溪学馆房厅的旁侧，还建有一平房小屋，此即为主人的书房。书房内，原保存有余启宫手书的“退步想”草书匾额一块。理坑《沱川余氏宗谱》记载，余启宫当年在乡里“劳怨胥肩，排难解纷，乡邻并服”。以平房小屋为其书房，以及他手书的“退步想”草书匾额，反映出他不与人结怨，更不与人逐利相争，凡事都让人三分的处世原则。凡事都做“退步想”，不仅体现了余启宫的平和心态，道尽了做人的道理，而且显示了婺源人的睿智与务实。

在理坑村的前沿、滨河铺筑的青石板路北侧，还有一座经商的族人为村中孩童启蒙创办的学馆——学堂屋。理坑余氏从事经商的族人，也深深懂得普及教育的重要性，启蒙教育不仅为科考，也是经商所需。而普及教育就必须广建学堂，恰在此期间，徽商跨入了全国商界之林。“虽为贾者，咸近士风”的徽商，一旦经商稍富，便会依据孔子“富而后教”的思想，殚思极虑资助家乡文教事业的发展。《婺源县志》所记清代理坑人余启烈，经商富裕之后，“尤重读书，构斋为肄业所，置田备膏火资”，并在乡里兴文社，多有捐助义举。“养子不读书，不如养头猪”，这是理坑人的谚语。就是外出经商的村民，对于读书，也始终怀着这种根深蒂固的观念，他们一旦致富，便捐资兴建了这所学馆。

学堂屋共有6幢别致的房子。东边的3幢较小，正屋三间，有楼；左前侧有一间敞厅，无楼，底层平面因而呈曲尺形。进门便是敞厅，敞厅和正屋明间临水设有“美人靠”。敞厅之右是一方石砌的鱼塘，塘内的水从流经屋外的溪中引入，塘边有石级挑出池壁，经石级可下到水面。鱼塘前面有一长条小花坛，花坛内种南天竺之类。房子没有一般住宅必有的杂务后院。西边的3幢，有座很大的花园，繁葩竞放，清香扑鼻。园中除花木之外亦有鱼塘，两口是方的，一口是椭圆的，砌筑得很平整。傍池有三间花厅，无楼，装修得很精致，明显地流露出理坑村先人对文化的尊崇。

学堂屋显得安谧幽静，确是读书的好场所。屋内洋溢的浓郁的田园气息，让学子们心胸旷达。清代乡人余杲在此题诗曰："仙庐结向最高冈，路绕松花万树香。画断紫崖飞瀑落，展开碧嶂远峰长。池边雾暗知蛟伏，槛外天空尽鹤翔。幽梦回时春昼寂，棋声响出竹间房。"当年，理坑不知多少有进取精神的年轻人，一袭青衫，一裹干粮，就是从学堂屋这样的学馆书屋走出，翻山越岭艰难跋涉至州县，一试再试，终于踏进京师，跻身文化的最高层。他们，为官刚正不阿，颇有政声；为学则成一代儒宗，有著作传世。又不知多少有开拓能力的年轻人，芒鞋斗笠，风尘仆仆奔赴通都大邑，日夜辛劳，参与并促进了中国商业经济的发展。因而，理坑村的辉煌历史，实当从这里的学馆书屋写起。

这个位于山林中的理坑村，历代人才辈出，先后出过七品以上官宦36人，进士16人，文人学士92人，著作达333部582卷之多，其中5部78卷被列入《四库全书》。尤其从明代晚期开始，理坑村陆续出了一批很有名望的硕儒、大官，文风文运自此经年不衰。其中有载入《明史》传记的工部尚书余懋学（1539—1599）、吏部尚书余懋衡（1561—1629），也有广州知府余自怡（1594—1639）、广昌知县余罄（1469—1525）、南康知县余世儒（1518—1579）、娄县知县余龙光（1803—1867）等地方官员。更多是涌现出了余相（1401—1478）、余鏊（1486—1559）、余懋进（1550—1594）、余懋交（1550—1602）、余懋衡（1561—1629）等

云溪学馆内景

志在名山事业、著述不辍的儒家学者，由是理坑声誉鹊起。

余懋学，字行之，号中宇。明嘉靖甲寅（1554），年十六入县学。甲子（1564），中应天乡试举人。隆庆戊辰（1568）科进士，授江西抚州推官，因断案如神，望重一时。万历癸酉（1573）召入京都，进为南京户科给事中。后因疏陈防奸佞奉承事，触怒首辅张居正，被黜为民。后复原职，寻迁南京尚宝卿。万历十三年（1585），御史李植、江东之因诤论万历皇帝建寿宫事被贬，懋学为之辩解，上言“十蠹”，直指新任首辅申时行。《明史·本传》称他“夙以直节著称”。后历任太仆寺少卿、光禄寺卿和通政使。卒前为南京户部右侍郎，卒后追赠工部尚书。其著作有《春秋蠡测》70卷、《读书随笔》2卷、《说颐》8卷、《丽事馆余氏辨林》5卷和《尚书折衷》《明代实录》《大政辑要》《字学辨略》《南垣疏草》《读论勿药》《仁狱类编》等。其《说颐》是一部笔记小说，存目于《四库全书》子部杂家类。万历二十七年（1599），居乡6年后的余懋学逝世，朝廷下旨赐祭葬，追赠“工部尚书”。天启初年（1621），又追谥“恭穆”。

余懋衡，字持国，号少原。少时好学苦读，万历辛卯（1591），中顺天乡试举人。《明史·本传》载：余懋衡第进士后，初授江西吉安府永新知县。任满，戊戌（1598）徵拜江西道监察御史。万历三十四年（1606），余懋衡巡按陕西。后丁忧归乡。其间，曾多次应邀至邑内紫阳书院、清华富教堂和中云福山书院讲学。由于其推崇程朱理学，“研精天人性命之故，而约诸实践躬行”，故而大力倡兴理学。天启元年（1621），余懋衡召起为大理寺右寺丞，寻转大理寺左少卿，接着又升都察院右佥都御史、都察院左副都御史等职。后又改兵部左侍郎。魏党失势后，直到崇祯元年（1628）追叙其功，赐金帛并复官，曾短期出任南京国子监祭酒，随复吏部尚书官。其一生著述《经翼》《明新会志》《少源语录》《关中集》《乾惕斋集》《涧滨寤语》《太和轩集》《沱川乡约书》和《古方略》45卷、《奏议》40卷。

理坑村书香不绝，人文鼎盛。这个至今不过千余人的小小山村，至今仍留存的“云溪学馆”和“学堂屋”，时时向世人昭示着宗族的荣耀，以及昔日的名人风流，使得来此寻幽探胜者叹赏不已。

# 留香楼

婺源县延村

江西省国家级历史文化名村
江西省省级历史文化名村
中国传统古村落

在婺源县思口镇延村，依然保留着金氏家族的明训堂、留香楼等古代学馆。

明训堂是一座旧时秀才修书著文的馆塾，建筑面积 1260 平方米，由将军楼、明训书屋、私塾留香楼组成的三幢连体建筑。三连房子均可从书堂穿堂而过，反映出延村“群屋一体”的建筑特色。

明训堂中栋建筑，被称为明训书屋。进入明训书屋，两侧隔扇窗上的书画雕刻，古朴而整齐，雅致而舒然，散发出昔日的书卷香气。正堂匾额“明训堂”三个字，静穆威严。“明训”一词出自《国语·晋语八》：“图在明训，明训在威权。”三国东吴的韦昭注曰：“言既有明教，在威权以行之。”指明确而威严的训诫。“明训堂”透露出延村当年的教育理念。

明训书屋正堂堂中有副对联：“虹气非关月，书香不是花。”正堂前两侧对联则是：“以战则胜，以守则固；大成若缺，大盈若冲。”告诉人们虚心向学，恬淡处世，进而自如，退可自守。如今明训堂，经过重新装饰，布置为典雅的客房，每间分别以凤求凰、如梦令、清平乐、浣溪沙、鹧鸪天等中国传统词牌来命名，将游人思绪带到古老的唐诗宋词意境之中。

紧邻明训书屋的是私塾学馆“留香楼”，这是村中至今还遗留的两处私塾学馆之一，因堂中“芝兰留香”匾额而得名。留香楼三开间带跨院，是全村唯一正门朝东的建筑，朝东是为了让早读的学童们沐浴晨曦。房屋大门右边边墙上嵌着一个刻有“敬惜字纸”四字葫芦形的焚纸炉。明代刘

明训堂内景

宗周《人谱类记》记载了宋代状元宰相王曾之父“敬惜字纸”的典故：王曾的父亲爱惜字纸，捡到遗弃的字纸，都会用香汤洗净晒干，然后焚烧，把纸灰埋在净土里。有天晚上，他梦见孔子用手按着他的背说：“你如此敬惜我的书，大有功德，只是你已经垂老，难有成就。我就让曾参投胎做你的儿子，光大你的门户。”不久，夫人生下一子，因取名为曾。后来，王曾连中三元，为宋名相。“敬惜字纸”的焚纸炉，体现了延村人对文化知识的崇敬。

进入留香楼正门，即是天井与作为课堂的敞开式前堂厢房。为保证前堂课堂有充足的光线，天井前墙内侧的披檐建造得很窄。讲堂正中悬挂着“芝兰留香”匾额，有联云：“林亭之外初无事，山水之间大有人。”堂中厅联则为：“莲花出水而净，群峰与人为秋。”前堂两侧有联曰：“新巢如燕还窥砚，旧雨人来迟到门。”

留香楼讲堂两侧次间作为塾师的休息室，楼上设有学童卧室，与跨院楼相连。上穿过讲堂左侧的耳门就是跨院，如今的跨院被居家用于酿酒。跨院楼下有会馆，平常作为学童的食堂餐厅。跨院楼上右侧 3 间为学童卧室，其他作为 “早读”场所，楼上美人靠和前廊的雕栏非常别致，便于学童早读。

留香楼的闻名，不仅是因为该建筑是古徽州地区至今保持最完美的私塾学馆，而且是因为这里留下了一段凄婉的悲情故事。延村商人金永俅疼爱女儿金环秀，聘请私塾老师俞补之教授小姐文化。金环秀花容月貌，且善诗文酬唱，她小时候便同表哥定了亲。等到金小姐 15 岁时，表哥就去世了。鉴于当地寡妇不能再嫁的传统礼教，金小姐只能以诗文抒发内心的苦痛。由于哀伤过度，两年之后，她也命随风逝。

俞补之痛感高徒英年早逝，便从金小姐诗文中节录遗句，辑成《留香小草》一书以示纪念。金环秀小姐与《留香小草》的故事，长期以来，一直有流传，甚至金氏族人也认为只是传说。此番课题组在延村调查研究过程中，有幸查阅了金氏族人珍藏的民国庚午年崇本堂续修《金氏宗谱》，在宗谱发现了金环秀与《留香小草》事迹相关史料。《延川金氏宗谱》卷六有俞补之的《金氏未笄女环秀诗序》，又《延川金氏宗谱》卷六附录金环秀侄子金鸿熙在道光二十一年（1842）的记文，称金环秀之诗“扫传粉调脂之气畅高山流水之音”“为俞太先生文字友遗本，是其所留，并诸

留香楼远景

留香楼内景

明训书院

明训别院外景

明训别院内景

先生序，同以示余付梓”。可见，金环秀小姐与《留香小草》的故事确有其事。《留香小草》正是老师俞补之从金小姐诗文中节录辑成，由金环秀侄子金鸿熙于道光二十一年（1842）刻印。自此以后，才有了留香楼之名，取自“芝兰留香”之意。

延村还有个小型书院即保鉴山房，又称“明训书院”，现住户为金细清。侧门进去为书堂，下堂两廊花窗镶有清代遗存下来的书画条幅，除右廊有两副不全外，字迹大多可以辨认。从文字中得知，此屋原称“保鉴山房”。书堂正门外有一小花园，环境非常幽雅。门上大字“明训书院”，原来此处是所古代书院，书院位于村庄后部，朝东敞开，便于纳光。

进入书院，进屋映入眼帘的就是“忠厚培心和平养性，诗书启后勤俭传家”的对联，横批是“保鉴山房”。书院不大，但却落得个清静，是个读书的好地方，屋内还摆着一些以前用过的古老器具。

# 养源书屋

婺源县 汪口村

江西省国家级历史文化名村
江西省省级历史文化名村
中国传统村落

作为程朱理学的故乡，婺源儒风浓厚，理学尤盛。“万般皆下品，唯有读书高”，从学、致仕、为官，长期以来一直是汪口当地有识之士坚定的价值取向与普遍的道路选择。自宋至清的数百年间，婺源县江湾镇的汪口村历代文风鼎盛，俞氏后裔勤耕苦读、书香浓郁，他们教育的主要形式是私塾传授，村内各种塾馆有七八所之多，每所塾馆一般只设一名塾师，学生少则二三人，多则十几人。

养源书屋外景

村里现在保存下来的养源书屋，坐落于汪口下街“桐木岭巷”内，为清光绪五年（1880），赐封奉直大夫俞光銮为他的房族子孙建的一所塾馆，为当时汪口村孩童的启蒙场所。俞光銮自幼失去父母，由亲戚们抚养长大，后在外做生意发了财，回乡后置办田产。他生有六个儿子，将产业分为七份，除六个儿子各一份外，将多余的一份产业用以资助办学。俞光銮唯恐子孙不肖变卖产业，就通过县衙下达文告，在围墙内刻石立碑以明示，严禁售卖书屋。碑文为光绪十年（1885）三月二十三日“钦加同知衔特授婺源县正堂吴鹗”所批。

养源书屋内景

养源书屋由前院、课堂、塾师室、厨房等组成，占地 120 平方米。前院内有一棵古木樨。书屋有楹联两副，其一曰：“至乐莫如读书，至要莫如教子。”其二曰：“祖宗虽远，祭祀不可不诚；弟子虽愚，经书不可不读。”这不仅是书屋主人俞光銮的想法，也是汪口俞氏后裔共同的心声。明清时期“货殖之事益急，商贾之势益重”，商业较为兴盛，不少徽州士人的做法是“易儒而贾，以拓业于生前；易贾而儒，以贻谋于身后”。俞光銮因从小失去双亲，不得不弃儒经商。待到经商成功后，为了子孙后代的前程，用赚来的钱去培养子弟读书，求取功名。这种易贾而儒，通过读书获取功名的人生设计，代表了明清时期商人的真实想法。

在汪口村俞氏宗祠的东侧，有座“心远书院”，为族人俞皋所建。南宋末年，俞皋进士及第，曾任宋学正。宋亡，俞皋重名节，拒不仕元，弃官回乡兴教，于村东头创建书院。并亲自任教。因为俞皋字心远，所以族人以其字作为书院名。俞皋是位饱学之士，勤于钻研，所著《春秋集传释义》，收入明《永乐大全》，是汪口唯一入祀府、县乡贤祠的儒者。心远书院一直延续到清朝末年，在婺东乃至整个婺源县都很有影响。

汪口村还有中举后弃官为商、富而思进的俞功臣所建的存舆斋书院。存舆斋书院坐落在酒坊巷，朝东八字大门，门首有翘角门楼，少雕饰；有小青瓦盖的四水归堂披檐，形成大方套着小方的天井，天井上没有楼层；自天井进入正厅有敞开式砖木构架，上方是斜格木栅栏装饰；屋内除栅栏托和护净有几组简洁的线条雕刻外，再无一处雕刻。堂内挂着三副古木刻楹联，自上而下分别用楷书、隶书、行楷书写，书体流畅遒劲，落款均为“王杰”，且有治印。

汪口俞氏家族在婺源被称为“书香世家”，良才俊贤辈出。自北宋以来，汪口村俞氏中进士 14 名、七品以上官员 74 人、州同知 3 名、知县 14 名，其中有俞丙圭、俞泰曾、俞德林祖孙三代为官的官宦之家，有俞文进、俞文达兄弟进士的“兄弟同榜”之誉，还有俞一贯、俞其义“父子柱史”的荣耀。俞氏先贤著有《艮轩小稿》《春秋释义》《春江小草》等著作共27部44卷。俞氏家族中，捐资助学、贷贫恤孤、义建亭堂桥路持义行善者颇多，著名的有俞畴、俞赵虎、俞宗启等数十人。汪口村至今依然记载着这些先贤的故事。

俞庚（1139—1213），号颐轩，俞杲曾孙。南宋嘉定五年，婺源发生严重的饥荒，县令陈开先下乡巡视灾情，数千灾民在路上求食，挡住了县令陈开先的去路。于是，县令邀请俞庚前来商议救灾之策。俞庚立即对灾民许诺：“明日，我将发放中平、山松两庄的稻谷二千石以救济大家。”灾民听到这个消息就散去了。第二天，俞庚开仓赈饥，拯救了当地数千灾民，婺东遂安。

俞天倪（生卒不详），南宋景定三年（1262）进士，授芜湖县尉，多次代替县令主持县政。皇族宗室赵某，与一挑柴樵夫相遇，樵夫未能让路，赵某于是到县衙告樵夫无礼。俞天倪判曰：按照贱避贵的礼仪制度，樵夫应当给宗室让路；但樵夫挑柴负重，宗室负手身轻，按照轻避重的道理，宗室应当给樵夫让路。于是判樵夫无罪，宗室无理。俞天倪不依附权势，维护正义的德行，被广为传颂，成为千古美谈。

这些故事，反映汪口俞氏先贤拯时济世、不畏强权的美好品行，这和汪口村理学传家的私塾传统密不可分。

# 浣香斋

## 都昌县鹤舍村

江西省省级历史文化名村
中国传统村落

都昌县苏山乡鹤舍村的袁氏族人自明代天顺年间袁崇美开基以来，一直以东汉“汝南世家”为荣，以传承“卧雪家风”为训，事耕经商不忘业儒，以耕读为家族生活之根本，对族中子弟文教科举事业非常重视。开基伊始，袁崇美就办起了私塾。清朝初年，为了满足本村子女就读，亦方便外村外乡人求学，袁氏家族投资盖了一栋学舍，取名“浣香斋”。学舍为四合院式结构，中间一个大天井，二层跑马楼，砖木结构，门窗雕花饰纹，可容纳 200 名学生就读。建成后吸引了乡内外学童入校求学，培养了一批批优秀人才。书门高第成为鹤舍村的雅称，同时，在都昌方言中，“鹤”与“学”的发音相同，“鹤舍”与“学舍”谐音，由此成为当地村名。

清中叶以来，浣香斋极为知名。民初江西著名诗人胡雪抱，苏山乡益溪舍村人，是清末优贡，时逢清末民初之乱世，每有抑塞磊落之情怀，寓之于诗，著有《昭琴馆诗文小录》《昭琴馆诗存》。清光绪年间，胡雪抱在浣香斋教书多年，与鹤舍袁铁梅交游甚深，多有唱和。胡雪抱很多诗是在浣香斋完成的。如《浣香斋杂兴》（二首）：“涉园不成趣，矫首眺晴氛。薄黯交新月，空青放嫩云。兴随清籁发，心恋野芳熏。鼓吹方繁会，诗肠涩不闻。”“幽绪百纷纭，深情怅碧雯。落花殇侍女，垂柳媵征君。品类都生意，精魂有大群。好风弥可感，浑带古琴熏。”以自然清幽之景传写胸中郁郁之情。

民国时江西省政府主席曹浩森，本为都昌周溪镇人，也曾在鹤舍村浣香斋读书，并得到鹤舍村民袁成英的资助。国民党上将刘士毅因其姑母是袁成翊夫人，而借住在村中，并在这里读过书。中华人民共和国成立后，浣香斋一直被设立为学校，20 世纪 90 年代初为苏山二中，因危房改造，成为现在钢混结构的教学楼，原屋已不复存在，旁边的偏屋已拆，准备重建。学校现在为苏山村委会高年级小学，原来的“浣香斋”青石题刻，至今尚存，无言诉说着人事的沧桑与变迁。

鹤舍人重视读书，有的家庭中甚至出现仕、儒、商三位一体的现象，即以商养学、以学入仕、以仕保商，形成了良性循环。根据现有的袁氏族谱，其中较为典型的代表有：

袁绍清，清咸丰四年（1854）生，光绪二十一年（1895）卒，字冰鉴，号锦江。邑优廪贡生，光绪八年（1882）奉学宪洪举高才生，调送经训书院肄业，光绪十年（1884）奉阁宪陈奉高才生，调送白鹿书院肄业，庚午壬戌子己丑四科呈焉，癸酉己卯两科呈荐，堂备中式光绪辛卯科举人，光绪十五年（1889）部选吉安府龙泉县教谕，覃恩受修职郎。

袁成璧，清道光十九年（1839）生，光绪三十三年（1907）卒，字世珍，号中九。袁绍腾长子。邑庠生，同治十二年（1873）副榜，次年部选九江府彭泽县教谕，光绪二十七年（1901），部选浙江金华府汤溪县知县，并加同治衔赏戴花翎，加三级记录。覃恩诰受奉政大夫。

袁绍腾，清嘉庆二十四年（1819）生，光绪十六年（1890）卒，字云声，号连炬。附贡生，道光三十年、同治元年二科呈荐，后恩封修职郎，任九江府彭泽县教谕，浙江汤溪县知县，覃恩诰受奉政大夫。

袁训铎，清同治九年（1870）生，民国十四年（1925）卒。袁成璧长子。字振如，考取宗人府供事，光绪二十四年（1898）攻修玉牒全书告成，议叙以从九品归双月开选，并用戊申年攻修玉牒亥成，郎上谕着以盐大使遇缺即选，宣统辛亥年亥分福建省节用，诰加五品衔赏戴花翎，覃恩诰受奉政大夫。

袁成璟，同治十三年（1875）生，民国三十一年（1932）卒，字世宋，号铁梅。邑附贡生，赣北镇守使署参议，九江商埠督办顾问，民国初年为江西省第三届省议会议员。民国诗人，写有许多诗歌，如《和雪抱公秋津峙登高》：轻舟泛泛远山微，出岫云随野鹤归。一缕翠烟横鸟道，数声清磬落渔矶。客来佛说缘前定，僧去山灵失所依。犹记读馀林下坐，竹痕和露滴人衣。

传统王朝往往利用察举、荐举、科举、捐纳和捐输等社会流动渠道，将乡绅纳入政权体系之中，授予官职、功名及各种荣誉。家族和商业要想得到很好的发展和壮大，离不开官府的认可和支持。而最有效的途径之一，就是通过科考或捐纳助饷获得各种官职及名誉。据族谱记载，清朝时期，村里的国学生 20 多位，如袁绍起，袁藩杰一共六子，除袁绍腾和袁绍清考取科名，荣耀邻里之外，其他四子均为国学生，其中还有被钦加头衔。这 20 多位国学生，大部分都是通过自己苦读获得荣誉，也有部分是赚钱致富后想要获取名号而捐纳得来的，这也反映了他们对于儒学、入仕的向往之情。很多人是通过“捐纳”而获得一个职衔，如袁绍勤，五品衔；袁成瑜，六品衔。民国以来，鹤舍村读书风气依然兴盛，考取高等学堂者不乏其数人。如，袁训芷，日本早稻田大学毕业，历任江西教育厅咨议兼视察省会平民教育事宜，暨省立第三师范第七中学、江西师范讲习所等学校教职、教育厅编译员，独立第七师政治部主任，独立第七师干部训练团政治教官，中央政治大学附设蒙职学校教员，军政部训政人员，训练班上校秘书等职。袁成琬，北平清华大学肄业，历任江西义务女子学校校长，景德镇二等模范学校教员。

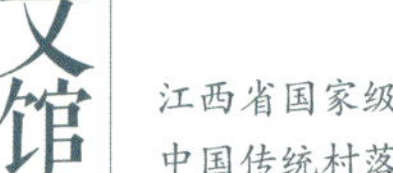

# 文馆

江西省国家级历史文化名村
中国传统村落

乐安县流坑村

文馆又称江都书院，位于乐安县牛田镇流坑村北陌兰洲大宗祠西侧，为流坑董氏家族所立，是流坑村保存最大、最完好、最古老的一座书院。2001 年 6 月，文馆与流坑村其他明清建筑一起，共同列入全国重点文物保护单位。

文馆是一幢前带庭院，西连藏书楼，主体为三进式砖木结构的硬山式建筑。文馆的庭院于前墙正中门，上有“儒林发藻”四个行书大字。院内以花岗岩条石铺地，东、西两侧有石砌对称的长方形泮池，中间有一单拱纵向石构步桥跨池而过，登三级台阶至主体建筑的门廊。首进包括下堂和前天井。下堂两侧各置一房，为授课先生课间休息的地方。前天井以条石

文馆外景

文馆敕书楼

砌铺成“回”字形，两侧面对天井，分别以木质隔扇栏成三间耳室，做学子们的书房。第二进包括中堂和后天井。中堂为先生讲坛，后天井的西侧辟有一门与藏书楼相通。第三进为面积较大的上堂，是供奉西汉大儒董仲舒等祖先、名臣、乡贤的神圣之地，庄严肃穆。上堂顶上，建有敕书楼。文馆重工装修在上堂，其顶部、檐宇、梁枋等处均为精美的雕刻、彩绘与黑书装饰。顶棚天花以冷色海藻纹为底，以红、绿彩勾填出花卉、八宝，并相间做出石榴形、扇面形的开光，中为山水、花鸟及书写的名人诗句；藻井周边为透雕窗花图案，顶部分六区，透雕成变形的荷叶宝瓶纹，均为暖色基调，鲜艳华丽。藻井多年没有打扫，但仍清爽无尘，色泽明朗。这缘自藻井的南向有略低于藻井的天井檐宇，南低北高两檐形成了一个正对藻井的风口，这样，南风吹来，风流直至藻井北围，并在藻井中回旋，有如清扫一般。

文馆自下堂至上堂，地面逐渐升高，入其内须曲折迂回而进，这种平面设置，据说寓有学子们学业循序渐进，逐级登高之意。沿着后天井行至西侧端，穿门而过即至藏书楼。楼上为“文昌阁”，上悬“日进高明”匾。

文馆藻井

“文昌阁”是文人览阅与雅会之所，其东侧辟门设梯与敕书楼（藏书处）相通。藏书楼的下层为一小厅堂，其前置一小花园，园前墙两侧辟有漏窗，中有“瞻之在前”四个草书字，园中栽种桂花，寓“蟾宫折桂”之意。桂花暗香四溢，环境雅洁清新，是文人小憩、漫谈的好场所。

文馆集读书、讲学、祀祖、敬贤、藏书多种功能于一体。据族谱记载和实地调查分析，文馆始建于明代中期，清代前期曾经大修，以后虽有多次修葺，但依然保存了清初的格局。

# 复初书舍

## 吉水县 燕坊村

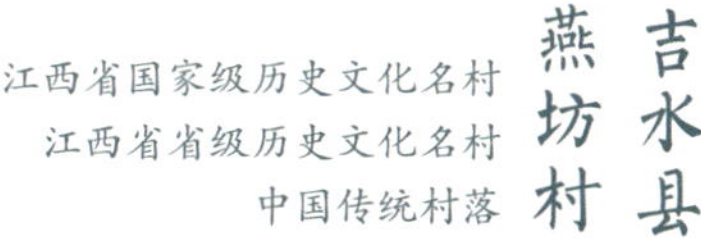

江西省国家级历史文化名村
江西省省级历史文化名村
中国传统村落

吉水县金滩镇燕坊村是一个明清建筑群保存完好的历史文化名村，还存有复初书舍、衡公书舍等私塾。

燕坊的复初书舍，是村中鄢氏和饶氏两家共同兴建的私塾，位于燕坊村东面，饶姓宗祠开远堂的东北方向，后门与开远堂的侧门相通。书舍为砖木结构，平檐有垛，悬山顶，单层，一门一进，中央的厅堂和左右厢房

复初书舍外景

衡公书舍

向内围合成一个采光的小天井，厢房后面是杂物间，建筑外有一个露天的小院，建筑正门开向东面，而院门开向南面，书舍面宽10.7米，进深16.4米，总面积为175.48平方米。书舍门开于正房右侧，红石门楣上浮雕人物故事、花卉等图案，门楣上方浅阳刻“復初书舍”四字，两边红石门框上分别浅阳刻“学究天人渊源远绍，名登翰阁科第高骞”对联一副。舍内有少量木雕装饰，后厅有天井和天窗，并存有道光甲辰吉旦“袭峰堂”木匾一块。现为吉水县县级重点文物保护单位。另外，燕坊还有衡公书舍，是村中王氏氏族的私塾，位于饶氏资政第北面，与资政第之间也有后门相通，现在改建为牲畜棚和堆放柴草的杂物间，内部空间已完全改变。

据老人们说，燕坊村中旧时有较大的私塾，多分为“三堂”：下堂为门厅，中堂为课堂，上堂为祭堂，以祭祀孔子，其形制接近官方的文庙。而有些较小型的私塾，为了更为合理地利用空间，将“上堂”省去，只建门厅和课堂。不过，这些私塾已经淹没在历史的风尘里，难以寻觅。

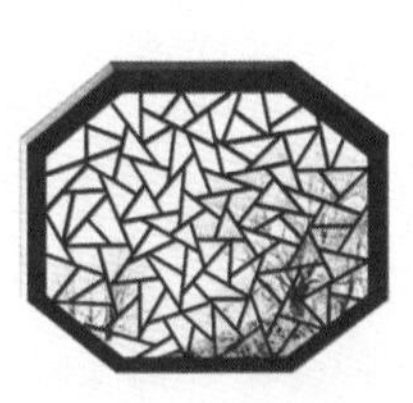

# 第三章 忠孝传家述祖德

——牌坊

江西自古为文章节义之邦，到处流传着忠臣义士们可歌可泣的事迹。在古村的路口，在祠堂的入口，乃至在城市通衢大道的街头，人们总能见到各种牌坊。牌坊是中华文化的一个象征，早在春秋时期就有后世牌坊的雏形。春秋时期编撰的《诗经·陈风·衡门》说：“衡门之下，可以栖迟。”衡门是以两根柱子架一根横梁构成的最简单最原始的门，这可以说是牌坊的最初样子。到了唐代，各地城市都将纵横交错的棋盘式道路划分成若干块方形居民区，人们称这些居民区为“坊”，各坊之间有墙相隔，坊墙中央设门通行，人们称之为坊门。当朝廷或地方政府将坊门加以改造，在衙署、园林前或街道、村落的起点、交叉口等处，用坊门旌表功德、标榜荣耀，人们逐渐称这种坊门为牌坊。

江西古村的牌坊主要分为四种，一是功德牌坊，如浮梁县沧溪村的蜚英坊；二是贞节道德牌坊，如东乡区浯溪村的贞孝坊，南昌县三江镇前后万村的双节牌坊；三是彰显科举家族成就的家族牌坊，如东乡区浯溪村的奕世甲科牌坊；四是分隔院落、街道段落的标志坊，如吉水县燕坊的水木清华坊和字水潆洄坊。这些牌坊不仅有宣传教化的功能，还有点题、框景、借景的效果。

# 蜚英坊

江西省国家级历史文化名村
江西省省级历史文化名村
中国传统村落

浮梁县 沧溪村

蜚英坊位于沧溪村头，建成于明正德十年（1521），为明朝弘治丁巳年进士朱韶为表彰和纪念沧溪村朱氏宗族先祖宋代朱宏而建。在得到皇帝御准后，朱韶自行筹资建设，因坊额刻有"蜚英"二字，故而得名。"蜚英坊"为当时任南京刑部尚书的知宁海题写，意指"文坛英豪"，坊前还有御批"文官下轿，武官下马"。因蜚英坊立于沧溪村口，当地俗称其为"小门口"。

沧溪村朱氏宗族先祖朱宏(1130—1210)，字元礼，沧溪朱氏十三世祖，是南宋著名的理学家，人称"克己先生"。朱宏年少时期聪明颖慧，读书求理解大意，念诗文以理为主旨。长大后放弃科举考试，刻苦学习圣贤之书。他善于思考，重于实践，对于生死、道德观无不穷根索源，而以弘扬儒道为己任。他与朱熹志向相投，交往甚密。据《浮梁县志》载，朱宏是朱熹的"畏友"，朱熹认为他"高识笃行，鲜与伦比"，并题其居住的地方为"克己堂"，人们称其为"克己先生"。所谓"克己"，指约束自己，约束自己的言行，克制专从自己利益出发的行为，多考虑别人的利益，从而合乎"礼"的规范，达到最高的伦理道德"仁"的境界。

朱宏一生严肃坚毅，对自己要求严格，平时在家也束冠带，视佛道为异端，作《回澜集》对佛学的观点进行驳斥。在他的影响下，村里风俗淳雅，人们勤俭守礼。四方学士，敬其品学，从者甚众，可谓桃李满天下，贤名远扬。南宋绍兴年间，朱宏隐居家乡，一边教授村童，一边著书立说，著有《礼编》《四书图考》《六经礼仪》《有信论异》《惠绥集》《迥涧》等多部书籍。嘉定初年，他病危之际告诫其子：死后安葬祭礼按规定礼节办，不要听从世俗迷信。元代末年，朱宏子孙怕书籍被战火毁坏，将其放入瓮中埋入土中。后来全部腐烂，只剩下《礼编》。今存朱宏为《礼编》作的序；另一篇是朱宏作的散论《祭肉论》。

蜚英坊前遗存拴马石、旗杆石等，前面是半月形的风水池。是一座三件四柱五楼外八字形的建筑，歇山马头墙，楼八字形平面，中间分三段，铺设平台式青石踏步，称“三步金阶五凤楼”。牌楼正反两面饰以砖雕。采用全砖结构，坐北朝南。主楼高 12.8 米、宽 3.75 米，最大厚度有 0.66 米。牌楼为全砖结构，歇山马头墙，八字形平面，中间分三段铺设平台式青石踏步。牌楼正反两面都饰以砖雕，题材有龙、凤、狮、象。坊前还设有上下马石，系马柱、石印、旗杆石。蜚英坊前还开凿了一口半月形水池，当地人称“半月塘”。塘前种植两棵柳树，与牌坊相辉映，构成“一排垂柳

蜚英坊远景

三贡坊

三贡坊内景

半月塘，三步金阶五凤楼”的秀美景观。

沧溪村还有一座清代修建的街坊，因为是三位贡士共同出资为乡里所建，故称“三贡坊”。 三贡坊高 5 米多，分上下两层，全部为木结构。上层用于议事、训子等宗族活动，下层供村民议事、乘凉、休憩、避雨。据当地村民介绍。下层柱子还有另一个用途，如谁家媳妇不孝顺，则绑缚在柱子边，献丑于众目睽睽下，以诫不肖子孙。这是沧溪地区儒学传统贯穿于整个社会习俗的一大亮点。也是其别与其他古村落的一大特点。

三贡坊雕刻精美，图案为钟鼎书画等博古文。严格来说，三贡坊不算牌坊，而是一座凉亭，上部相当于一座骑楼，下部靠墙两端安设了固定的条凳，供村民议事、乘凉。村里人无事时喜欢聚集于此，天南地北、海阔天空地闲聊，吃饭时也常到这里。因此，三贡坊成为村里的“信息发布中心”。

# 双节牌坊

## 南昌县前后万村

江西省省级历史文化名村
中国传统村落

南昌县前后万村双节牌坊

双节牌坊位于南昌县三江镇前后万村，所谓“双节”指受旌表的两位女子，万启培之妻刘氏、万启奎之妻王氏。根据《万氏十三修族谱》记载：万启培、万启奎英年早逝，刘氏、王氏恪守贞节，终身未嫁，幼弟启型由妯娌二人抚养成人，刻苦攻读，于光绪丁酉年（1897）考取举人，任江苏宝应县知县。光绪壬寅年（1902）万启奎之子万兆翠考取附贡，赴湖南任候补知县，叔侄二人感恩刘氏、王氏终身操劳抚养之恩，为旌表年轻守节的贞烈情操，遂于 1906 年报请清廷获批建造此牌坊。

双节牌坊为淡绿石质，五披垛，三门四柱。高八米、宽六米，内连坊宅，面积约四十平方米，梁柱枋壁，均雕琢嵌楔饰花纹图案，人物官庭故事，刻楹联，工艺精致，均透浮雕，人物活动栩栩如生，上坊嵌“圣旨”二字，下嵌横匾“心绩双清”，下横额刻“万启培之配启奎之配”，中柱镌双联“贞心合受芝纶笼，劲节同邀绰楔荣”，侧柱镌双联“志矢靡他，彤史联书双节传；名垂不朽，清操应荷九重旌”，联工字秀。

“文化大革命”期间，险些遭毁，后万村民为保护这一历史古迹，连夜将牌坊的花雕用塘泥封完，才使珍贵文物得以保存。

# 奕世甲科牌楼

抚州市 东乡区 浯溪村

江西省省级历史文化名村
中国传统村落

奕世甲科牌楼位于东乡区黎圩镇浯溪村中部，由抚州知府、同知、部院、东乡县知县为纪念王汝为一家四代 7 人名登甲科而建。牌楼为八字形，通高 5.4 米，宽 11 米，中间一正门两则各一偏门。正门为长方形，净高 3 米，净宽 1.7 米，偏门上为圆拱形，净高 2.4 米，净宽 1.4 米。正门门楣上嵌有一块长 4 米，宽 0.8 米的麻石匾额，刻有“奕世甲科”四个楷体大字。匾额上方长条石上刻有“永乐丁酉乡贡进士文林郎为父王汝为、赐进士巡按两直广西监察卸史子王堂”。偏门门楣上各有上下二块长条麻石，右边上层刻有“赐进士奉直大夫孙王显，甲午举人文林郎孙王昌”，右边下层

奕世甲科牌楼

刻有“天启乙丑进士翰林院编修来孙王廷垣”，左边上层刻有“赐进士朝列大夫孙王统，甲午举人承德郎孙王盛”，下层刻有“詹事府詹事晋礼部左侍郎来孙王廷垣”的功名字样。

从形式上说，牌坊与牌楼是有区别的。牌坊没有“楼”的构造，即没有斗拱和屋顶，而牌楼有屋顶，它有更大的烘托气氛。但是由于它们都是我国古代用于表彰、纪念、装饰、标志和导向的一种建筑物，而且又多建于宫苑、寺观、陵墓、祠堂、衙署和街道路口等地方，再加上长期以来老百姓对“坊”“楼”的概念不清，所以到最后两者成为一个互通的称谓，牌楼也统统列入牌坊的类别中。

牌楼前，一对公、母石狮分别端坐于正、偏门间，两石狮均高 1.9 米，长 0.82 米，宽 0.47 米，座基长 0.9 米，宽 0.51 米，高 0.63 米。每座石狮均抱有彩球和一只小狮，小狮嬉戏于公、母石狮膝前，形态各异，牌楼正对面青松翠柏和绕村而过的绿水，尽收山水之灵气。牌楼前石狮威武雄壮，让我们平添敬仰之情。

王家四代七人荣登甲科，这七人分别为：王汝为，永乐十五年（1417）进士，资川教谕，后升韶州府教授；王常（子），正统十三年（1448）进士；王统（孙），赐进士，朝列大夫；王盛（孙），举人，承德郎；王昌（孙），天顺元年（1457）进士，文林郎；王显（孙），赐进士，奉直大夫；王廷垣（来孙）：天启五年进士，翰林院编修，詹事府詹事，礼部左侍郎。

奕世甲科牌楼彰显着王汝为一家四代名登甲科的荣耀，也传达着忠君爱国、重视德政的家风。王汝为长子王常，正统十三年（1448）进士，任御史，后北方边境告急，分巡通州。通州漕运粮饷堆积如山，同僚准备用火烧掉，认为落到敌人手里等于资助敌人，王常说：“这些东西都是国家急需的，先侦察敌人的动静再做决定也不迟。”不久，朝廷下旨，物资留下，不能烧毁，后来敌军也退去了。起初敌人兵临城下，老百姓争相入城躲避，守门的士兵不让进，王常令士兵打开城门，老百姓刚进城，敌人就追来了，老百姓得以保全性命。当时，长陵、景陵、献陵在昌平春寿山，旧称设护陵三卫，无城驻守。景泰元年（1450），王常请求朝廷筑城守王陵，且请求命城名为永安，皇上听从他的建议，赐《四书》《五经》各一部。

景泰二年（1451），王常巡按淮阳诸郡，纪纲严明。当时庐州卫镇抚郑某恣意妄为、贪赃肆虐，王常第一个出面弹劾之，致使郑某不敢放肆。英六民家失盗，巡检某得贿，放纵贼人，把罪名栽赃给老百姓，逮捕关押百姓几十人。王常了解清楚这其中的冤屈，查办了巡检罪行，释放了百姓。南畿闹水灾，凤阳、淮安尤其严重，王常开仓赈济，命相关部门提供耕牛种子，老百姓得以安身。翰林刘俨特意为他写了《两甸观风赋》。后转任福建道，广西柳州巡按。天顺二年，宦官曹吉祥和武官石亨掌权，王常被贬到海宁任知县。因父亲去世回乡。丧期满后改任莆田知县。莆田南边有陂叫木兰，阻挡海潮冲刷，灌溉二十万亩农田，因年久失修，陂破损较多。王常督促百姓修复木兰陂，直到今天都享受其利。乙酉年朝拜皇帝，请求退休，后到长子王显任职的地方海州养老，不久去世，被供奉在乡贤祠。

王显，字必融，王常之子。天顺元年（1457）进士，授礼部知事。后任六安州知州。在六安，他兴利除弊，鼓励农耕，兴办学堂，军民都拥戴他。又改任海州知州，处理事务精确敏捷。当地发生饥荒，按察使王竑散金买各谷种给老百姓播种，待秋熟后加倍偿还。王竑离任后，征收债谷依旧。第二年又发生饥荒，可官府要账更急。王显以加重百姓的负担为由，向新任按察使请求免除百姓之债。同时，他节约用度，增加储备，减少劳役，消除盗贼。别的县饿死了很多人，而海州的百姓却得以活命。景泰四年，他转任福建道，后又巡按广西。

王廷垣，字康侯，一字潜服，天启五年（1625）进士，被选入翰林院。天启七年（1627）被任命为编修，负责皇上起居注、编纂章奏。崇祯七年（1634）年会议，负责分校，后调任经筵讲官。皇太子出阁，被任命为讲读兼知制诰。当时皇上有旨，命东宫暂停讲学。他第一个上书，竭力请求皇上让太子勤学。后任乙卯（1639）科顺天乡试主考，升庶子，掌春坊事。接任南京国子监祭酒。进而任正詹事，4次借病告归。先升礼部右侍郎，再任命为礼部尚书时未就职。清顺治四年（1647）因忧愤而卒。著有内外制及奏议，有《留园集》存世。

王统，王汝为之孙，涪溪人，成化二十二年（1486）乡魁。弘治三年（1490）进士。授河南罗山知县，不久调任新乡知县。再升浙江衢州府同知，河南按察司佥事。在衢州推行了惠民政策，并捐出自己的俸禄修建大石桥，乡人题为“民乐桥”。

浯溪村贞孝牌坊

在浯溪村南路的道口，还有一座表彰节妇的贞孝坊。贞孝坊距浯溪村有 120 米，坐东朝西，建于清道光时期，距今有 157 年的历史。据载：金溪对桥李氏姑娘许配给浯溪村儒士王士柏，而王士柏未婚先殁，18 岁的李氏扶棺嫁入，住进“斋月轩”，独自守贞尽孝整整 54 春秋，从未下过楼房。直到 72 岁卒。道光皇帝为表其贞孝，特下旨建造此坊，以示旌表。

贞孝坊高 7.1 米，宽 7.9 米，四柱三间五层，以正间中心为轴线，两边对称排列，从整体上看呈金字塔式结构。正间由两根方 0.4 米，高 4.6 米的巨大石柱支撑而成，石柱两侧有高 2 米，宽 0.5 米，厚 0.1 米的波浪形石鼓片辅佐主柱。地面由 5 块平板麻石铺成，正间内空高 3.2 米，宽 3 米，浮雕分五层，第一层是“双龙戏珠”镂空雕刻；第二层是柳体双面、阴刻“旌表儒士王士柏未婚之妻李氏坊”；第三层镂空雕有两个花瓶、两副人、动物风景图案，动物有麒麟、大象，风景有青松、翠竹等；第四层是笔力遒劲的颜体，双面阴刻“贞孝”二字，右侧刻有“道光二十有五年春月吉日”，左侧刻有“儒学教渝廖晋、儒学训导谢轮香、东乡县知县张炳、抚州府知府文海、布政使司布政使费问绶、提督全省学政孙端珍、江西巡抚部院吴文容、两江总督部堂耆英——题请”字样清晰可见。两旁各有一文臣武将立雕，上面是整齐排列的荷花纹；第五层正中间是“圣旨”，圣旨由两对龙凤护卫，龙凤图案的两侧是四环四棱的花窗，两边各有 1 只昂首“仙鹤”，上面是整齐排列的菊花饰边。两边两间由两根高 3.3 米，方 0.4 米的石柱与主柱互相支撑而成，支柱两侧也附有高 1.6 米，长 0.5 米，宽 0.1 米的波浪形石鼓片，地面由 10 根平石板铺成，侧间内空高 2.2 米，宽 1.5 米，浮雕分四层。第一层是梅、菊花、水仙、牡丹、人物场景镂空雕刻图案；第二层为菱形窗格；第三层为彩带花卉、人物场景图案；第四层为长方形窗格，两边各有一只昂首仙鹤图案。整个浮雕中有人物 24 个、房屋 6 间、舞龙 4 只、仙鹤 4 只、凤凰 2 只，麒麟 2 只，大象、花卉、树木等。在浮雕上面精美的防护设计呈金字塔式分布，这样一层层的将整个浮雕防护，而这些防护石雕成“马”头状，榫入麻石中，再盖上石块；在每块石板的两侧镶有花边石挡板。

整座牌坊镂空浮雕工艺精细，形态逼真，面积之大，立体效果之强，在江南地区少见。而且整座牌坊由 149 块大小麻石斗榫而成，巧夺天工，巍然屹立 156 年，“文化大革命”时期曾用拖拉机推拉而屹立不动。

# 傅氏节孝坊

## 金溪县 浒湾镇

江西省国家级历史文化名镇
江西省省级历史文化名镇
中国传统村落
江西省省级传统村落

傅氏节孝坊建造于道光年间，也是浒湾镇现存的唯一一座古代宅门式的牌坊。据同治《金溪县志》卷二十九之五《列女·节孝》记载，周钰为金溪合市镇乌石村人，家资颇丰，在浒湾置有房产，居于浒湾。其妻傅氏

傅氏节孝坊外景

傅氏节孝坊局部

为合市镇塘霞村人，年少守寡，于道光二十年（1840）被旌表建坊。后因其子周宗瀚任户部四品衔主事，被诰封恭人，享年80余岁。县志中就此牌坊专门立有“傅氏传”。

节孝坊正面墙之大门，其后通过3米宽石铺小院，便是一个并列两栋清水印斗墙的大屋，门楣无题额，门侧有石雕“太平有象”狭长花窗，两栋共面阔24米，进深各11.5米，两厅一天井，为清中期所建的民宅。坊额中间镌刻着楷书“旌表太学生周钰之妻傅氏节孝坊”；字额之上为几何纹福寿图案，中有直书“圣旨”二字，龙纹框边；最上层刻庭院人物、花卉，当中是“福禄寿三星在户”，皆为白石浅浮雕。石刻保存十分完好，几乎没有破坏痕迹，人物造像栩栩如生。牌坊旌表主人公傅氏见第五部分“历史人物”中“旌表列女”所载。

# 水木清华坊

## 吉水县 燕坊村

江西省国家级历史文化名村
江西省省级历史文化名村
中国传统村落

吉水县金滩镇燕坊村修建了大量的牌坊，经历次劫难后保存完整的有十三座。燕坊的门坊极少有独立的，绝大部分都和院墙相连，共同组成一个院落，而牌坊则是这个院落的主入口，也是院中主人家的门面。从牌坊的分布情况来看，滨水空间是牌坊比较集中的区域。常常是临水建有一个大的宅院，宅院的入口处就是一座体量硕大、工艺精美的牌坊，建筑环境与水环境相结合，开阔的水面衬托出牌坊的高大雄伟。村内牌坊众多，最著名的是水木清华坊。

水木清华坊位于燕坊村南边，清建，砖石结构，竖屏、白色填地，三间四柱三楼式，面宽 9m，高 8m，为庭院牌坊。牌坊名字原出自《诗经》中“水木清华，婉兮清扬”之诗句，晋代诗人谢叔源有诗《游西池》：“景员鸣禽集，水木湛清华。”因为牌坊正对着村落内部

水木清华牌坊

面积最大的一片水域，而旁边的古井又是古时村落内最为重要的饮用水源，故取“水木清华”之名，寓意池水清澈。

坊顶为庑殿式顶，覆盖青瓦，檐下绘有彩画。整体由青砖砌筑，青砖外表面刷有石灰砂浆，这样做的主要目的是为了防潮，门梁等重点构件由红石制成，石材仿造木构件的肌理，并附有精美的雕刻，包括“水木清华”牌匾、对联、《孝子拜寿图》等，此外还在墙体的石灰层表面上绘有大量彩绘。牌坊虽然是三开间的，但是只有中间的明间是真正的门洞，而两旁的次间则由青砖砌筑成实墙，青砖砌筑的手法也非常精细，以凹凸的手法模拟传统木构门窗的形态。牌坊前有一口古井，古井为圆形，中间横一根方形青石板。

门坊红石门楣上浮雕人物故事、花卉图案，门梁上或雕塑或彩绘各种人物和花卉图案，做工皆十分精美，气势恢宏。坊正中红石上浅刻“水木清华”四字阳文。四根圈砖柱上浅阳刻的对联已无法辨认。令人称奇的是，此牌坊“水木清华”字体与我国清华大学校名题字书体酷似，两者是否存在渊源，还有待进一步考证。

字水潆洄坊

青阳绚彩坊

建阳世家坊

在燕坊村东边，有字水潆洄坊。字水潆洄坊气势恢宏，建于清中后期，砖石结构，折屏式，白色填地，面宽 8.5m，通高 8m，为庭院牌坊。牌坊临水而建，红石门楣上浮、透雕双龙戏珠、人物故事、花卉等图案，做工精美，气势恢宏。牌坊门楣正中红石上浅刻“字水潆洄”四字阳文。“字”为屋里有子，古时寓意为怀孕生子，多子多孙，并引释为有文化；“潆洄”二字为水流回旋，即要子孙满堂，更要子孙有文化，且像水流一样不断回旋，繁衍不息，代代相传，光宗耀祖。牌坊进门有一雨亭，并备五寸宽的凳子，供客人恭候休息之用，足见屋主人崇善好德之心。

燕坊村东边，还有建阳世家坊。建于明代，青方砖借缝砌成，折屏式，素面无纹，面宽 14m，通高 6m，坊正中后墨书“建阳世家”四字。“建阳”表明这户人家是从福建省建阳市迁入，“世家”意为大家族，代表着这户人家当年的地位。从坊名，我们可以推测出燕坊村宗族的渊源和飞黄腾达的历史。该牌坊原有飞檐翘角，两旁各竖 4 根旗杆，甚是威风，一根旗杆代表村中一位显赫人物。“建阳世家”原四字和旗杆在“文化大革命”时被毁，现存牌坊为近年所重修。

燕坊村所有牌坊中保存最好的是青阳绚彩坊。青阳绚彩坊位于燕坊村中部，建于清代，砖石结构，竖屏式，白色填地，面宽 6m，通高 7.5m，正对着池塘，为庭院牌坊。红石门楣上浮、透雕龙凤戏珠、人物故事、花卉等各种图案，做工十分精美，气势恢宏。坊正中红石浅刻“青阳绚彩”四字阳文，四根圆砖柱上刻有两副对联：仁为安居咸临贞吉，义本正路视履考祥；桂馥兰馨春风秋月，鸾飞虎跃智水仁山。

# 忠节第坊

吉安市吉州区钓源村

江西省国家级历史文化名村
江西省省级历史文化名村
中国传统村落

忠节第坊位于吉安市吉州区兴桥镇钓源村，三檐单门，砖砌双逕。正面颂近代科第名贤，家乘风范，背面追远祖功名业绩，支派绵延。坊前瓔珞柏又名香扁柏，为钓源外迁后裔元代远从广西引种，历500余年，为钓源欧阳家族繁衍绵延的活见证。

忠节第坊正面坊额上写着“忠节第”三字，两边侧匾分别写着“父子登科”“兄弟连科”，彰显着欧阳氏家族科举的辉煌。乾隆、嘉庆年间，钓源欧阳家族有父子三人在朝廷为官，父亲是欧阳模，任兵部郎中。儿子是欧阳慎和欧阳綦。欧阳慎为兵部职方司郎中，授奉政大夫，属正五品；欧阳綦，任内阁中书，在朝廷中掌管选拟人、记载、缮写等内务秘书事项，掌管朝廷机密。清廷选人十分慎重，往往从举人、进士中挑选品学兼优者担任。欧阳父子三人品行端正，无劣迹，任职时为乾隆、嘉庆年间，正是清王朝的兴盛之时，也是钓源的全盛时期。

忠节第坊正面立柱上的对联为：“存成谱致，发先人书受今文，诗崇本义，敦旧典以无忘丕承家学；礼义不愆，思上世分支渤海，派衍钓源，环庄山而聚处垂裕后昆。”这副长联，表明钓源欧阳宗族的沿革和承继诗书礼义的传统，也许是钓源礼派祠堂兴建时所写。两侧的楹联“忠节寸心足万古，文章一字值千金”，说出了“文章节义并重”的主旨，显示着庐陵先贤的追求和向往。

钓源村忠节第坊

忠节第坊背面坊额上写着“家世文章”四字，红石立柱上原来分别写着“忠节寸心足万古，文章一字值千金”“忠节家声旧，文章世泽长”两副楹联。近几年村民将其中一副改成了“九成翰墨无双品，八代文章第一家”，这副对联传说是苏东坡对欧阳修的赞誉。因为欧阳修为钓源欧阳氏的先祖之一，钓源仁派中的春公堂、聚魁堂、五有堂，均为欧阳修的后裔，村中有纪念欧阳修的欧阳文忠公祠。所以，村民修改这副楹联，表达对先祖欧阳修的崇仰和怀念之情。

钓源欧阳氏后裔中的名士，继承了欧阳修的传统，文章节义并重，为族人做出了表率，也在江西文化史上留下了佳话。欧阳重，是钓源最有传奇色彩的名臣。他在明代正德三年（1508）考取进士后，在朝廷都察院任过右佥都御史，又出任云南巡抚、三边总制都御，统管西南边陲的军政，显赫一时。可是，他生不逢时，屡经坎坷，弄得削职为民的下场。当时，明代朝廷已是腐朽不堪，荒淫无道的皇帝很少上朝，大权被太监头目刘瑾独揽，大臣常受诬陷。欧阳重任刑部主事时，刘瑾之兄病亡，百官前往吊唁，欧阳重不愿攀附阉党，不去吊唁。刘瑾一伙便寻机报复，使欧阳重两度下狱，被正直的大臣救出。时逢云南土司反叛，大臣推荐欧阳重出任云南巡抚。这是个吃力不讨好的苦差事，欧阳重却欣然领命。到云南后“恤创残，赈贫乏，轻徭赋，规划盐铁商税，屯田诸务，民咸便之”，只几个月，就平息了叛乱，使边境平安。为此，受到嘉靖皇帝的嘉奖。可是，云南的总兵和镇守太监见了眼红，便相互勾结，诬陷欧阳重居功骄傲，并有与土司通好的嫌疑，暗自买通朝中奸相，将欧阳重罢职。欧阳重上疏鸣冤，可昏庸的嘉靖皇帝听信谗言，将欧阳重解官为民。欧阳重空怀报国之志，回乡后，时常接济贫苦百姓，从不去拜访官府，对乡亲和蔼可亲，“未尝以辞色忤人”，以至于人们“乡邻若不知有公。即相见，不信其为能忤权贵人者”。这位威震边境的“总制都御”大人，“家居二十八年，言者屡荐，竟不复召”。“所居近城市，未尝一见郡县官。”以返璞归真、回归大自然为趣，竟“视入仕之日为多出”。（上文引文均见《明史·列传九十一》）他回到家乡再也不愿涉足腐败的官场，不愿改变清正的操守，宁居僻壤而不悔。他的功绩和高风亮节，记载在《明史》列传中。

钓源村忠节第坊后景

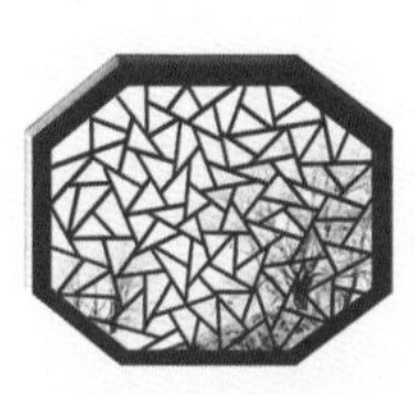

# 第四章 净土绝尘入云峰

## ——坛庙

江西的名山大川，风景秀美，是神仙方士和和尚道士们活动的重要场所，被他们誉为“洞天福地”。据周景式《庐山记》记载，西周威烈王时（前4世纪），匡俗曾隐居在九江庐山的深谷老林，求仙学道，“时人敬事之”。后匡俗被热衷求仙、希冀长生不老的汉武帝封为“南极大明公”。道书记载，东汉中叶，道教创始张陵在江西龙虎山炼丹，“丹成而龙虎现，山因得名”，龙虎山因而也成为中国道教发祥地。佛教在江西的传播也可以上溯到东汉时期。梁代释慧皎《高僧传》载，东汉灵帝主政之末（约188年前后），西域沙门安世高入赣弘法，并在豫章（今南昌）城东建寺，这是佛教在江西出现的最早记载。

佛道两家深厚的历史积淀，深深地影响到古代江西的村落生活，民间精神信仰呈现出多元化的特点，庵堂、寺观也因此遍布基层乡间。例如江西很多村落，都建有万寿宫，以纪念地方保护神、道教四大天师之一，俗称“福主”的许真君。在徽饶古道上，建有很多关帝庙，恩怨分明、以义当头的武财神关羽，成为各地商贾心中的守护神，受到当地人们的顶礼膜拜。

这类信仰的建筑贴近百姓生活、反映人们愿望、安慰民众的心灵。这些公共建筑，构成了一个与传统宗法制农业社会共同发展的完整系统，鲜明地反映着江西古代民众的社会文化社会和精神信仰世界。

# 汇源禅院

婺源县
汪口村

江西省国家级历史文化名村
江西省省级历史文化名村
中国传统村落

汇源禅院

在婺源县江湾镇汪口村，宗族祭祀民间群体信仰广泛存在，除了宗族祭祀祖先的活动外，民间还有祭祀其他神灵的各项活动，这些民间信仰成为人们社会生活的重要精神支柱。汪口汇源禅院是祭祀观音菩萨等神灵的场所。

汇源禅院，原名“龙潭道院”，俗称“汇源堂”，坐落于汪口村西约一华里的永川河南岸华源潭，距当地平渡堰约200米左右。民国时改名为“汇源禅院”，是一所道教活动场所，始建于南宋咸淳年间。元至正四年（1344）被毁，明洪武元年（1368）重建。旧时与汇源禅院有关的宗教活动较多，每年正月初一、初二，敲锣打鼓来到禅院正殿上，唱曲向菩萨拜年。每年的农历二月十九日、六月十九日和九月十九日，是传说中的观音菩萨生日、出家日和升天日。民间将这三日通称为“观音菩萨生日”。每到这三日中的前一天，汪口村及附近的善男信女、信士弟子都要事先沐浴更衣，次日聚集在禅院正殿，给观音菩萨上香、还愿。每逢阴历七月三十日，汪口的善男信女，要沐浴更衣，每人手提一小篮山楂、猕猴桃、梨、蜜枣等水果，到汇源禅院观音娘娘殿前吃一天的“水果素”，以表示对菩萨的一片虔诚之心。

# 锡福庙

金溪县 竹桥村

江西省国家级历史文化名村
江西省省级历史文化名村
中国传统村落

在金溪县双塘镇竹桥村的村口老樟树下，有一座锡福庙。过去每到八月秋收之后，竹桥人便把锡福庙里的神迎出来，家家户户宰杀牲畜进行祭祀，并将神请到中门楼，在门楼前搭建戏台排演木偶戏，一直要排演七天七夜，以此娱神，报答神恩。庙中还立存着一块康熙六十年（1721）石碑，记载着当时李县令处理该村民众与邻村周姓族人争水的判词。锡福庙不远处则有“紫澜阁”遗址。清乾隆三十年（1765），竹桥村村民为弥补地势缺陷，在村西溪河边雁山的小丘上建造楼阁，取古诗“大海回风生紫澜”之意，命名为“紫澜阁”，寄托着竹桥人胸怀大海的宽广情怀与意愿。

锡福庙

# 大上清观

贵溪市 上清镇

江西省国家级历史文化名镇
江西省省级历史文化名镇

大上清宫

大上清观位于贵溪市龙虎山风景区上清镇东陲，距龙虎山 12 公里，是历代天师阐教说法、传道授箓及举行重大醮仪的最大宫观，为历代天师供祀神仙之所，素有“神仙所都”和“百神受职之所”之称。

大上清观的前身是东汉和帝时（89—105）道教祖师张陵在龙虎山结炉炼丹时所建的“天师草堂”，原址位于龙虎山正一观处。汉末，第 4 代天师张盛承启祖教，从汉中迁回龙虎山建传箓坛。唐会昌年间，武宗召见第 20 代天师张谌，赐帑银在龙虎山传箓坛址建道观，并赐额曰“真仙观”。北宋大中祥符年间，真宗敕改真仙观为上清观。南宋端平年间，宋理宗赵昀派人对上清宫进行了一次规模较大的兴建，建三清、真风殿、吴天殿等 6 殿，宿云、蓬海、云馆等 3 馆、皇帝景命阁、宝奎阁、琼音楼、即斋堂、正一堂，及东西两侧道院数百楹。元明清时期，朝廷多次拨款对上清宫进行修复和扩建。现在大上清观绝大部分被毁，最后一次被毁是民国十九年（1930），因几个乞丐住在宫中烤火引起火灾。到解放时，只存大上清宫门楼、钟楼、午朝门、下马亭未毁。2000 年，龙虎山风景旅游区管委会启动对大上清宫进行重建。

大上清宫甬道

这座古老道宫的声名显赫，家喻户晓，现存的福地门、东隐院、棂星门、和传说中的镇妖井等文物古迹，仍然强烈吸引着中外游人。福地门是上清宫的大门，为一座仿宋仿木结构的两层重檐歇山式建筑，檐下有康熙皇帝御赐的“大上清宫”匾额，正殿抱柱书有楹联，道气儒风，使人赏心悦目。进入福地门向右行，是一条弯曲的甬道，通往上清宫深处，因形似游龙而得名“龙街”。长约 100 米，宽 10 米，呈 S 形走向，红石铺地，粉墙蜿蜒，两边墙上镶嵌着四值功曹和六丁六甲神将的雕像，栩栩如生，庄严肃穆。曲线走向是道教太极图中阴阳分界线的形状，既体现了道家哲学“阴阳和合”“道法自然”的思想，又营造出一种曲径通幽，玄而又玄，渐入仙境的神秘气氛。

甬道前方是“下马亭”，亭前功德碑上刻着“文官下轿，武官下马，步罡踏斗，礼诚神灵”。这座亭子是重檐歇山式建筑，由 28 根柱子支撑。28 根柱子对应天上二十八星宿，亭中地面镶嵌着九宫八卦阵图，凸显道门奥旨。过了下马亭，登上台阶，可以看到棂星门。棂星门为牌坊式仪门，又名午朝门，由六柱五脊组成，石柱由汉白玉雕刻而成，为元代修建上清宫时的原物，也是整个上清宫遗留下来最珍贵的文物之一，门柱上的对联是：“玉玺传家，龙虎山中真宰相；金符报国，麒麟阁上活神仙。”道出了天师道自古及今在朝廷和民间的崇高地位。柱间五块石坊正中一块题刻“棂星门”，其余四块正反两面都雕刻着龙、凤、仙鹤图案，极为精细、精美。棂星门内广场中间是一个太极八卦图，两侧鼓楼和钟楼西东对峙，钟楼门联为：“一声响彻云天外，万象回归道德中。”

过棂星门广场右行，路右侧有一个带石围栏的半圆形水池，为放生池，为30代天师虚靖真君所建，池旁有一株千年古树，相传为东汉张道陵手植，现在依然枝繁叶茂。古树之后是东隐院，为民居式样，前后两进院落用天井相连，院门内有吉祥照壁，照壁中间绘一圆形龙凤呈祥图，四角装饰太极图和“福”字，上面横批“福祉骈臻”，左右联语：“福海朗照千秋明月，寿域光涵万里云天。”前院里有一个古老的石围栏遗存和一座船式香炉，前厅檐下匾额“清吟恬淡”，楹联：“此地饶千秋风月，偶来做半日神仙。”神龛上供奉着清三品通议大夫、妙正真人娄近垣像，厅内布局古朴典雅，再现明清时的岁月。距离东隐院100米左右，有一座三楹单檐歇山顶建筑即伏魔殿，檐下匾额“伏魔之殿”，殿门对联：“千年归匿风平浪静，一旦现形地动山摇。”殿内重檐丹楹藻井，四周绘梁山108将画像，殿中有镇妖井，每代天师都要在井盖上贴封存条，以防妖魔逃脱。井旁是神龟驮碑，碑上大书“遇洪而开”四字，亦为旧时遗物。

棂星门

东隐院

站到伏魔殿上，看着镇妖井，人们不禁想起施耐庵在《水浒传》开篇第一回“张天师祈禳瘟疫，洪太尉误走妖魔”讲述的故事：宋嘉祐三年，瘟疫盛行，洪太尉奉皇帝命前往江西信州龙虎山，宣请天师张真人来朝禳疫。路上大虫、大蛇都没将他吓退，张天师见他有诚意，便没等他爬上山顶，就已去了东京祈禳瘟疫。过了几天，洪太尉知道天师已把瘟疫消除了，兴奋不已，便和住持真人等众多人士去游山，走了许多地方，最后到了“伏魔之殿”，上面有许多大锁、封皮。洪太尉不听真人劝告，将锁砸开，封条撕下，放走了魔君，日后变成梁山上的一百〇八将，扰乱了大宋乾坤。

# 五公庙

## 高安市贾家村

江西省国家级历史文化名村
江西省省级历史文化名村
中国传统村落

五公庙位于高安市新街镇贾家村东南方向约500米处，至今已有500多年的历史，相传是为纪念明代一位名叫谌飞龙的医生而建。谌飞龙是四川人，家中排行第五，他自幼从父亲那里学得祖传医术，医术十分高超，在乡里颇有名气。有一年江西很多地方发生瘟疫，许多人染病身亡，贾家村也危在旦夕。当时贾家在四川为官的族人便恳请谌飞龙的父亲让谌飞龙赴江西治病救人，谌父慨然允诺。谌飞龙立即赶到贾家村，冒着生命危险抢救病人。他的善举深深打动了村中一位姑娘的芳心，姑娘自告奋勇与他一起在村中救护病人，在他们的努力下疫情终于得到控制。此后，两人日久生情结为了夫妻，谌飞龙便留在这里继续行医。他医术精湛，医德高尚，对贫寒之人免费救治，救治了无数病人，行医六十多年后去世。

为了纪念谌飞龙，人们在村外修建了一座庙，里面供奉神像，因他排行第五故名五公庙。每年农历五月二十四日，人们都要从五公庙中抬出神像游完贾家村的主要街巷（八尺巷）。五月二十五日请戏班唱完戏后，又将神像送回五公庙。这两日，人们都要带上供品到五公庙来祭祀，祈求保佑家人安康。

贾家村五公庙

# 鲁班庙

江西省国家级历史文化名村
江西省省级历史文化名村
中国传统村落

宜丰县 天宝村

在宜丰县天宝乡天宝村，有一座独特的庙宇鲁班庙，屋顶为硬山式，梁架为抬梁式结合减柱法。室内有龙腾柱，两侧有碑墙，现碑已丢失。鲁班庙不属佛，不属道，祭祀的是木匠的祖师爷鲁班，属于民间行业庙宇。平时庙里很少香火，只有到了每年农历五月初七，鲁班的祭祀之日，才热闹一番。这一天，天宝的木工、泥瓦工、石匠、铁匠架子工、锡箔匠、油漆匠、裱糊匠等一切与建筑有关的手工业工人，都要自动休假，穿戴整齐，早早来到庙内，互相道辛苦问好，上供、焚香，参拜“祖师”，举行祭祀活动。这是一般年份情况，如遇风调雨顺、比较太平的年月，除祭祀之外，还要举行庆祝和联欢活动。民国初年到抗战前一段时间，年景较好，五行八作收入比较稳定，几乎每年都举行隆重的庆祝活动。在参拜敬祖之外，各行业举行集体的收徒拜师仪式，而后大摆酒席，开怀畅饮，并进行联欢，能拉的拉，能吹的吹，能唱的唱。庆祝活动由临时推举出来的班子负责筹备，费用完全靠自愿捐助。

# 古戏台

## 峡江县 湖洲村

江西省国家级历史文化名村
江西省省级历史文化名村
中国传统村落

戏台为古代演戏的场所，在历史上有不同的名称和形态。最初，戏台多建于宗教建筑前的广场上，用于演戏酬神。到了明清时期，江南民间戏台多与宗祠、庙宇连在一起。在峡江县水边镇湖洲村东面，还保留着这样一个古戏台。它建于雍正二年（1724），为六角六柱亭，正面对着村民祈福的场所天府庙，背面距离沂溪河 15 米，台长 13 米、宽 22.7 米，占地面积 295 平方米。台右悬挂铁钟一个，铁钟重千斤。戏台与天府庙之间是广场，每至节庆之时，村民们就到广场上看戏或祭神。从现存的建筑布局与构件，我们可以想象当年的庄重与繁华。

湖洲村古戏台

# 紫沙庙

吉安市 青原区 陂下村

江西省国家级历史文化名村
江西省省级历史文化名村
中国传统村落

在吉安市各地村落，寺庙保存较多，敬神烧香拜菩萨的风气浓厚，拜神仪式也保存完好。这是因为庐陵村落姓氏的先祖，大多是唐宋以后从不同地域迁入定居的，他们带来了不同地区的思想观念和民俗信仰，庐陵又处于古代交通比较便利的赣江中游两岸，各种文化传播交融便捷，因此逐步形成民间多神信仰与祭祀的乡俗。青原区富田镇的陂下村也不例外，大大小小的庙宇众多，有紫沙庙、康王爷庙、老大将庙、财神庙、护庵、社官庙、吉先祠等等。

紫沙庙又名弘冈山庙，位于陂下村西北方向，始建于明嘉靖十八年（1539），清康熙五十五年（1716）冬重修。明代嘉靖皇帝朱厚熜特别崇尚道教，潜心修道，取道号“九天弘道飞玄真君”和“大罗天仙紫极长生圣”。由于有皇帝的倡导，全国各地大造寺庙，弘冈山庙也就应运而生了。

紫沙庙里供奉着观音菩萨三姐妹佛像。大姐妙音手持如意，二姐妙缘手捧莲花，观音本人即妙善，手捧净瓶和杨柳枝。据说紫沙庙里的观音菩萨源于观音崖，传说每年的观音娘娘生日，善男信女们要远走大坑祭拜观音，观音怜惜人们太辛苦了，托话给陂下的马脚（神汉）说：“我愿到陂下村附近为神，可在陂下就近的地方为我立一庙安身。”于是陂下村人请风水先生选中了弘冈这块风水宝地建庙。里面还塑有八部雷神、弥勒佛等39尊佛像。清咸丰六年（1856），陂下村遭太平天国军“血洗”，庙里的39尊佛像也没能逃出尊尊过刀的噩运。几十年后，在僧人默谦的主持下重修。中华人民共和国成立后，庙宇一度成为陂下中学。2009 年，在陂下村民的共同努力下，紫沙庙全面翻修，修补石佛 11 尊，新增佛像 28 尊。现在，紫沙庙里的香火依然旺盛。

康王爷庙原址在陂下村下江后花园。康王爷俗名康保裔，是八部雷神之一，叫掌船菩萨。清朝咸丰六年（1856），太平天国军队攻占了吉安，陂下村人为保卫吉安，杀死了太平军的一个小头目。太平军报复，三次来陂下村，杀死了 180 多人，焚烧房屋 600 多栋。然后走到长亭岭上回首，见仍有一栋房子没有烧着，便再次返回，将仅存的一栋康王爷庙烧毁，现康王爷只好寄居在玉岗堂内。

老大将庙为陂下胡熙鳌建造。清乙卯年，富水河涨大水，陂下村人都站在河岸上观看，上游的稻草和木头随波逐流，汹涌而下，却只有一个神仙头像在码头边千回百转不肯离去，据说附近匡家的老大将神像被漂走，村民想这尊神像可能要到陂下村安身。果然，神像立即漂到岸边。众人赶紧捞起神像，塑回老大将金身，建庙供奉。

在陂下一直流传老大将神非常灵的民间故事。据说有一年喊船，刚好轮到竹隐堂当值，老殿师老胡崇墅是竹隐堂的当家人，按惯例，正月

紫沙庙外景

紫沙庙里供奉的观音菩萨三姐妹佛像

紫沙庙里新增的28尊佛像

二十八、二十九、三十日当值的要请戏班演戏，但老殿师老在安仁山教书，抽不开身去请戏班子，老大将菩萨就穿上草鞋代他去吉水水南请戏班子。二十八日，老殿师老心急如焚地赶回村里，却发现戏班子已经开锣打操台了，老殿师老丈二金刚摸不着头脑，忙问其他人，都说没去请戏班子。最后，他找到戏班子张老板问："是谁请你们来的？"张老板回答说："是你们村里一个黑须红袍，身材高大的老者来请我们的。"老殿师老很疑惑，莫不是老大将菩萨？忙跑到庙里去一看，果然不出所料，老大将脚穿一双草鞋，红战袍卷在神轿里。这才释疑，原来是老大将大显神通，亲自请来戏班子。

陂下村四周和山脚下有不少社官庙，祭祀的是社官菩萨。《说文解字》称："社，地主也。"顾名思义，社就是土地的主人，社祭就是对大地的祭祀。为报答大地之恩赐而奉土祭社，东汉时即称社神为社公或土地。社官菩萨

社官庙

老大将军庙

属土地之下最底层的神灵，在乡村非常普遍，往往因地制宜，因需制宜，有的地方简单地垒个砖房或泥屋，就算是社官庙；用泥巴或木头随便塑一个老头形象放在里面就叫社官菩萨，也不去探究原型是谁。更有甚者，就在大树下或岩石旁，用三五块砖头或几块瓦架个微型台子，里面也没神像，就称社官庙。陂下村的社官庙也类似上述几种情况，在村子四周的大树下或岩石旁建庙，非常简易，但逢年过节，初一十五，家里有红白喜事或遇大灾小难，村民都会前去燃香烧纸祭祀，祈求社官驱灾祛病保平安。

吉先祠是一座庙宇，在陂下村的中间位置，为北宋英宗治平二年(1065)胡晃建造。胡晃与北宋一代大文豪永丰人欧阳修同年，且同朝为官，结为至交。胡晃十分钦佩欧阳修的为人和文采，为了教育后人勤耕苦读，故建吉先祠，内塑欧阳修像，尊欧阳修为神，让陂下村后人四时祭祀。吉先祠里还供奉了一位新大将，即唐朝肃宗时期郭子仪手下的一员战将——邹伯涛，他在安禄山造反时，为平定“安史之乱”立下赫赫战功，陂下村人尊敬他，也把他供奉为神祭拜。

# 戒珠寺

江西省省级历史文化名村
中国传统村落

赣州市 赣县区 夏府村

戒珠寺又称罗汉寺，位于赣县湖江镇夏府村西南的金龙山上。该寺系唐朝敕建。原寺建于元代，明嘉靖年间重建，是一栋四合院式的明代式建筑。戒珠寺分前后两殿，寺门为琉璃亭式，亭中隔两栖。前栖供大肚罗汉，笑脸相迎，后栖供护法韦陀，威风凛凛。进入前殿“三宝殿”，中间供“三宝慈尊生像”，左右排列十八罗汉，迴廊由黑云母花岗岩砌成。“大雄宝殿”分前后厅。前厅供四大金刚，分左右排列；后厅为正殿，供释迦牟尼全身塑像，周围为诸天众神佛殿左设藏经阁，殿右为观音阁，后进为众僧住房，方丈居中，厅内供有达摩祖师立像。距戒珠寺约百米处的山顶雷音阁，建有一幢鼓楼，鼓楼对面有一宝塔，名曰“舍利塔”。

戒珠寺内景

根据地方史志记载和戒珠寺石碑石刻，宋朝大诗人、大文学家苏轼，在贬官岭南奉诏回京时，走水路经赣江十八滩，行至夏府天柱滩码头停船靠岸，见有秀丽山峰，经打听此山叫“金龙山”，山中有一寺，名叫“戒珠寺”，系唐朝敕建。因此游兴大发，徒步前往，只见寺宇轩昂，庄严雄伟。站在寺前，俯视赣江，水急滩险；遥望湖洲，突立江中，风光秀丽。苏东坡触景生情，感叹不已，遂作诗一首，留诗纪念。诗曰：“十八滩头一叶舟，清风吹入小溪流。三生有幸复游此，莫把牟尼境外求。”明朝万历年间，戚琼崖步韵和诗一首：“古寺重滩一苇舟，石摇波溅雪光流，尚同玉局三生至，握定明珠仔细求。”寺内置竖石碑刻诗其上。

# 文昌阁

## 寻乌县圳下村

江西省省级传统村落

文昌阁，又叫文昌楼、魁星阁、奎阁、魁星楼等，是中国传统的祭祀建筑，大都为祭祀传说中掌管科举、文运之神如文曲星等，有的村庄历代文运昌盛，常建有文昌阁，以弘传统之风，保文运之炽。如吉安市青原区文陂镇的渼陂村、分宜县分宜镇的介桥村、婺源县思口镇的延村、寻乌县吉潭镇的圳下村都建有文昌阁。文昌阁多建在村中地势较高处，一般为砖

文昌阁

木结构楼阁式建筑，攒尖顶，二、三层居多，每层皆有檐面，六、八角不一，二层以上为木墙或木栅栏，可凭栏远眺。

寻乌县圳下村文昌阁建于明万历三年( 1575 ),坐西朝东,面宽 13.1 米，进深 10.9 米，高 12.9 米，占地 221 平方米，属三合土木结构双层亭阁，中间楼阁墙体用青砖支撑。据《寻乌县志》载，该阁始建于明万历三年，比寻乌建县早一年。文昌阁除祭祀功能外，还是当地文人雅士聚会以及年轻学子的读书场所，对于圳下村的精神支撑起到重要的引导作用。历代以来，圳下村都有崇文的传统，曾任直隶知县的邱上峰、赣南名流吴之章、翰林学士刘德熙都曾被邀请到这里讲学，成就了圳下村浓郁的尚学风气。因年代长、建筑精巧及其村民崇礼尚文的优良传统，文昌阁成为该村一处重要的文化遗存。

圳下村文昌阁还有着革命历史内涵。1929 年 2 月 1 日，红四军到达寻乌吉潭镇，看到圳下村四周群山环抱，中间有一块几百亩狭长田垄，他们决定在此宿营。毛泽东根据圳下村的地理环境，将军部和政治部驻在田塅中间的文昌阁里。一代伟人毛泽东在这里的经历，为文昌阁增添了厚重的革命精神和人文色彩。千百年来，圳下文昌阁陪伴着村边古道的马嘶铃声、目睹着悲壮激越的红军战斗，见证着古村从古代走向现代的历史进程。寂静清雅的文昌阁，连同旁边鼎兴禅院的晨钟暮鼓，映示衬着圳下村古老而厚重的历史底蕴。

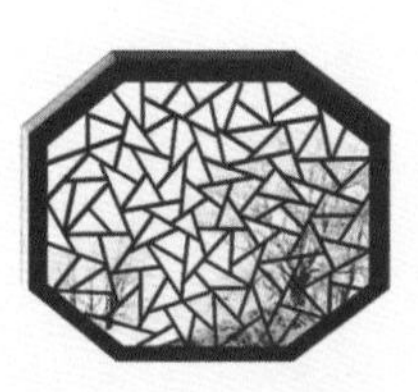

# 第五章 车马笙歌记繁华

## ——巷道

江西除北部较为平坦外，东西南部三面环山，中部丘陵起伏，全省成为一个整体向鄱阳湖倾斜而往北开口的巨大盆地。江西古村就是依托不同的地形地貌而选址开基，繁衍生存。在岁月的演变中形成不同的建筑格局，或依古道，或临河流，衍生出纵横交错的古街巷，建造出坚实古朴的古桥梁。村中的道路、街巷、桥梁，与社会文明的发展同步，记录了古时村民交通、生产、工程技术、文化思想的历史变迁，勾连着江西古代村落发展的轮廓与远去的背影。

这些古村巷道，记载着古代江西经济文化的历史。江西在唐代经济文化就有了相当的发展，宋代以后，随着国家经济重心的南移，两宋江西已经是全国经济文化的先进地区，物产丰富，市场繁荣，瓷器和铜镜等手工业产品销往外地。同时，江西作为重要的粮食产地，漕粮运输繁盛，造船业极其发达，大量船舶从江西制造并驶出赣江，通向国内有水运的地方，商人们顺着赣江和驿道走到全国各地，这种商运优势一直保持到清代中期。

在这种繁盛的商业背景下，江西众多古村位临古道，或濒于赣水，得地利之便坐贾行商，立街开店，村落逐渐演变为当地的市镇。在金溪县的浒湾镇，在吉安青原区的渼陂村等地，人们还可以看到那些临河而建、保存完好的明清古街及水运码头，一条条青石小巷纵横交错、互相穿插，形成状如蛛网的大小街巷，街上的铺栈、民居、店面、作坊鳞次栉比，建筑式样均为纵深式加厢楼、高瓴格式，显得古朴典雅。这些古街旁边甚至还保存着晚清时期的教堂。这些古代商业建筑群构成一个较为完整的生态部落，它们跨越历史的年轮，体现了江西古代村镇的民众生产和生活的文化特点，体现当时人们的思维方式及其审美价值观念，堪称是中国南方村镇经济发展的缩影。

# 西冲巷道

婺源县西冲村

江西省省级历史文化名村
中国传统村落

西冲村巷道的“八只坎”台阶

西冲巷道交通标志“大路转弯”

婺源县思口镇西冲村，至今仍保存着长达850米的巷道。巷道古道保存完好，整条道路宽约四尺，全由石板铺成，呈“丫”字形向村内延伸。

巷道从村口的古树群开始，首先映入路人眼帘的村庄牌楼，上面“西谷”村名清晰可见。道上要过八个台阶构成的“八只坎”，每级台阶之间有8厘米高。在传统社会时期，九数是皇家特权，用九数犯皇家之讳，生恐一不小心招来无妄之灾，因此，再有权势的大臣也只能用八数。在西冲，能有这八只坎，与西冲历史上“服贾孝养在汉阳，后经理金陵广仁堂”的奉直大夫俞兆灵（即俞俊礼）有关，因为俞兆灵的功名很高，来到此地的文武官员都毕恭毕敬在“八只坎”台阶落轿下马。在巷道转弯处，有一个屹立300余年的交通标示石刻。为了使路人不走错路，康熙年间，村民建房时在道路交叉口的房角墙上竖“大路转弯”石刻，提醒徽饶古道上的路人此处该转弯。巷道两边林立着古色古香的明清历史建筑，记忆着古道过去的繁华。在西冲的终结处，巷道转为山路，翻过这座山，就进入龙山乡，从而进入饶州府的景德镇。

西冲的古街巷共有12条，全部为青石板铺就，留下了一道古朴柔美的风景。街巷两边，均为各式历史建筑，穿行其间，别有一番情趣。村水朝西，老屋深巷，勾连着村庄历史的轮廓与远去的背影。行走在西冲村，穿行于充满历史记忆的街巷中，别有一番情趣。

# 汪口古街

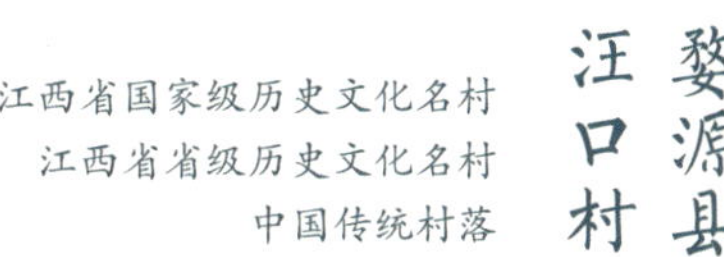

婺源县汪口村

江西省国家级历史文化名村
江西省省级历史文化名村
中国传统村落

汪口古街

婺源县江湾镇的汪口古街，因处于官路上，所以又被称为“官路正街”。古街始建于宋，形成于明，主要以茶业和粮食加工业为支柱产业。清代，汪口先后有俞智千开设的“发芬源”茶号，年产箱茶叶 646 箱（每箱约 35 ~ 40 公斤）。俞赞谟开设的“裕盛悦”茶号，年产箱茶叶 343 箱；“裕泰祥”茶号，年产箱茶叶 247 箱。民国时，因茶业滞销，导致生产萎缩，产量逐步下降。民国三十一年（1942），汪口乡茶叶产量只有 1200 斤，但依然有俞名善、俞培元、四房屋、迪公号、裕盛悦、发芬源、怡生蔚、悦来、裕馥隆等 9 家茶号在经营。同时，当地粮食加工业发达，以供应当地及附近非农业人口所需。汪口地狭人稠，粮食供应不足，汪口的富户就在乐平、余干、鄱阳买下大片粮田种五谷杂粮。他们把粮食运过来加工，造就了汪口很发达的粮食加工业。繁盛时，仅舂米碓就有 80 多座，日加工大米达 160 多担。在茶叶和粮食加工业的带动下，明末清初时期的汪口商埠经济也达到了鼎盛时期，官路正街两侧全是店铺，直到 1949 年前有近百家。村中有大批从事与商埠经济相关的从业人群，如船夫与脚夫（挑夫）。据汪口“土改”时的调查统计，当年汪口村有船家 14 户、船夫 56 人。

汪口古街的店铺均为三进二间或三间的徽派建筑：砖木结构、马头墙、石库门枋、砖雕墙面和罩檐，“对朝堂”“三间两厢”或“独间头”形式。由于地形狭小，汪口商业大街的店铺充分体现寸土寸金的特色。每个店铺兼有居住与商业双重功能。一般为前店面、中起居、后伙房、楼仓库的布局形式。在临河一侧的店铺，几乎每家在伙房之外再延伸一敞开的空间，便于货物进出。而五色工匠的店铺多为左店右厂。每个店铺都开有夜间顾客买货的窗口，既安全又方便。宽阔的店面，厚重的门板，如今汪口这条商业街，依然保持了明清时期商业码头的风貌。走在街上，我们可以感受到历史的年轮和浓郁的文化氛围。

# 通津桥

婺源县 虹关村

江西省国家级历史文化名村
江西省省级历史文化名村
中国传统村落

通津桥位于虹关村口，是石筑单孔拱桥。桥长 16 米，宽 5 米。桥两侧及桥头台阶上均有石护栏，桥两面的龙门石上各有一方篆刻，朝村外的是“通津”，朝村内的是“挹秀”，均为双钩线刻，字体端庄，丰满大方。通津桥北端（现入村路口）原有文昌阁，南面上方靠近吴村处有文庙旧址。

通津桥

通津桥始建于南宋中叶，以后历代时加修缮。由“通津”“挹秀”两块龙门石上刻阴文小字“同治二年，仙书”“镇石，虹关众信修”推断，现存石桥修建于清同治二年（1863），为虹关詹姓族人合资兴建。“仙书”之“仙”为隽仙，即詹高骐。据清光绪五年刊刻的詹真良等修撰的《鸿溪詹氏族谱》卷十《詹高骐传》记载：“高骐，乳名欢宝，字骏先，号隽仙，籍名元吉，庠生。……村有通津桥为洪水冲坏，行者病焉。公复行创建石梁，且输百金为之倡。董其事，三阅寒暑，无稍倦。”由此可知，詹元吉在通津桥的修建中起了主导作用，他不但首倡捐资，还负责管理工作，历时三年方告成功。现在桥上铺设的青石板，为村中詹庆德老先生首倡，虹关旅外人士于 2012 年捐资铺设的。

通津桥像一道彩虹横跨鸿溪，站立桥头，四面美景尽收眼底，古人在这里观景，曾留下“四面烟云绝顶下，一湾溪水斜阳中”的美妙诗句。

# 鹤舍巷道

## 都昌县鹤舍村

江西省省级历史文化名村
中国传统村落

鹤舍村巷道

都昌县苏山乡的鹤舍巷道颇有特色，均由花岗石铺成。这是因为苏山乡为长江中下游地区最大的石材储藏地，拥有丰富的石材。鹤舍村建房和铺路时就地取材，所有的花岗石均出自当地。

鹤舍村共有巷道15条，平均宽度1.5米，总长度800米。巷道地面的花岗石厚10厘米，宽30厘米，长1米不等，石底下是屋屋相通的流水暗沟，下雨天雨水可以直接流入暗沟，行人雨天不走泥泞坑路，最后汇集到村前小溪。村里各巷道左右延伸，长短不一，里巷纵横交错，走在巷道游人如入迷宫。村中有诗传诵："纵横交错路迷人，似尽犹通左右伸，磨角拐弯何处去？岂知巷子有多深。"

# 罗田古街

安义县
罗田村

江西省国家级历史文化名村
江西省省级历史文化名村
中国传统村落

罗田村位于安义县石鼻镇东北 2 公里的西山梅岭之麓，与水南村、京台村共同形成了独具明清赣商文化特色的千年古村群。它们相距仅 500 米左右，呈品字分布，虽各自独立，但遥相呼应，鸡犬相闻。三村之间由人称“福禄寿三星道”的长寿大道、祈福大道和丰禄大道三条麻石古道相互连接。在赣商形成并迅速发展的明朝，罗田村借助优越的交通区位，商业出现了繁荣。一条用麻石条铺就的罗田古道，穿街过巷，越野跨溪。它东通西山万寿宫、洪州、进贤及至苏、杭、粤、闽，西接奉新、靖安、武宁、修水乃至湖广、四川，北连永修、星子、九江、湖口，是古洪州和西北各地的交通要道之一，也是西、北各地香客到万寿宫进香的主要通道。各地游人、商贾和香客不论上山下岭，都要通过罗田，罗田村庄里的麻石古道便自然而然的成了商业街，临街的房子便做成了整齐的铺面。

罗田古街长约 3 公里、呈“上”字形的麻石路分割开，形成前街、后街、横街，它们各自承担起商埠中不同的角色。前街为典型的古式铺面 , 后街为仓库和楼房，横街则是客栈和酒店，功能区的划分竟与现代城建规划的某些原则不谋而合。古街现在依然保存完好，街道两边店铺林立，有铁匠铺、锡匠铺、肉铺、碑石铺、金银铺、当铺；有油面店、绸缎店、杂货店、豆腐店、黄烟店、圆木店、理发店、棉絮店、药店；有磨坊、酒坊、油榨坊和香烛作坊。尤其是前街上段的绣楼，实际上是黄氏的刺绣作坊。这里常年有二十多个绣女，她们的绣品精细、鲜活，可与苏绣、湘绣媲美，使

罗田村古街

安义刺绣享誉洪州。罗田人不仅自己开店经商，而且敞开胸怀，吸引了许多外姓商人在这里开店，形成了“前街绸缎布匹，后街仓库栈房，街头油盐百货，街尾烟酒磨坊，横街茶座饭馆，街上粮油猪行”这样门类齐全的商业集散地。每逢集日或进香拜佛的日子，街上便摩肩接踵，万头攒动，货摊上香菇木耳、蔬菜果品、海参洋布，日用百货，懒蛇活麂、绿酒红茶等应有尽有。

今天，罗田虽失去了作为商埠集镇的地位，但它保留下来的古街、店铺以及麻石上被人踏车碾磨出的凹迹深槽，还在述说着昔日的繁荣。

南昌县

前后万村

# 后万村古巷

江西省省级历史文化名村

中国传统村落

南昌县三江镇的前后万村整体布局完整，至今还保存较好的巷道有六条，分别为西边巷、和平巷、木门巷、大巷、曹门巷、鹿鸣巷，组成了后万村内部完整的步行道路系统。同时，每条巷道旁都设有排水沟，完善了古村内部的排水系统。

西边巷位于后万村和平巷西边，巷子中部可通西边的麻石院，内有翰林第。巷中铺有一道麻石，麻石两边铺以红石。如遇雨水天气，行走其中，老幼者走中间麻石，少壮者走两边红石，形成习俗，体现了古村尊老爱幼的传统。

和平巷建造颇具特色，家家有门相通，相互信任，进出不锁门。关上巷口总门，外人便不得入内，遇有危机，可从巷尾小侧门撤离。居住此巷的村民互敬互爱、有喜同贺、有难互帮、和睦相处、平等相待，邻里关系十分融洽，故称和平巷。

后万村西边巷

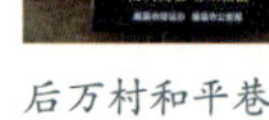

后万村和平巷

后万村木门巷

后万村大巷

后万村曹门巷

后万村鹿鸣巷

木门巷古称木门楼，因巷口曾建有一座雕刻精美的木制门楼而得名。盛夏时节，村民常聚集此地歇息纳凉、谈天说地。大巷是后万的总门巷，巷道全部由麻石铺砌而成，故也称麻石巷。古时，后万各种大事神事、红白喜事和狮子滚龙灯等民俗活动都必须从大巷进出，再到石堤十八坡游走。曹门即必大之门，曹门巷因此门而得其名。执行族规时，后万的族长、乡绅和老者都从曹门巷出，进入必大之门。违犯族规者则只能从曹门巷的偏门进入必大之门接受处罚。

鹿鸣巷的来历与一位叫万时若的先人有关。万时若生于清嘉庆九年（1804），自小聪颖好学，19 岁中举，咸丰癸丑年（1853）选授南康县教谕，三年后调任湖南省兴宁县知县。他上任后，断案神明，清理大量积案，广受百姓赞颂。适逢该县大灾，饥民遍野，万时若果断抛开礼制、临机处置，先开义仓赈灾，而后上报朝廷。国子监祭酒王谦先，大加赞赏，在后万村东特设鹿鸣宴奖赏，万时若被朝廷恩赏加四品衔。

# 贾家巷道

高安市 贾家村

江西省国家级历史文化名村
江西省省级历史文化名村
中国传统村落

高安市新街镇贾家村保存的历史街巷有 17 条，最长的历史巷道达303米。其中，东巷道、周公巷、祠前巷、西巷道与北巷道共同组成贯通全村的环形巷道。此外，还有南北走向用大石板铺筑而成长达 70 米的官道。

贾家村官道

贾家村的外环路是由东巷道、周公巷、祠前巷、西巷道、北巷道和两祠巷组成的，路面宽 2.9 ~ 3.4 米，均以青砖、麻石铺就，侧有用于排水的阴沟或水沟。村内有南北走向的玉带巷、玉环巷、崇顺巷、铨公巷、玉塔巷；东西走向的上龙腾巷、羊背巷、鸡公巷、金星巷、尚武巷等。古巷道格局保存完整，布局合理，各具特色，大多宽为 1.2-1.5 米左右。这些巷道纵横交错，保存完整，巷道两侧的建筑高度、体量色彩、形式风格协调一致，成为贾家村一道完整而连续的历史景观。

贾家村最为典型的历史巷道是官道。官道南北走向，长 70 米，巷道路面宽，达 2.6 米，均系用大石板铺筑而成。官道两边的建筑就是官厅，道路右侧布满青苔的水沟至今仍然担负着古村重要的排水功能。村中串联的巷道墙壁中嵌有泰山石，除了辟邪外，还用以标记“此路可通”。贾家村巷道交叉口多为丁字形，有人丁兴旺之意在其中，同时交叉口处的错位，拉长了空间上两点相交的距离，也为行人留出了心理准备的时间，转角空间尺度的放大减少了发生碰撞的可能。放大空间尺度、方向性及交叉口周围住宅外观能使人产生较强的场所识别感，人们不至于在错综复杂的巷道中迷路。巷道交叉口还有独特的“谦让墙”，即在房子的墙体上内镶方石，

贾家村巷道

贾家村礼让墙

一方面方便过客转弯抹角，另一方面显示房主“谦虚礼让，不露棱角”的家风，是贾家村先人处世哲学的表现。

贾家当铺坐落在贾家巷道边。“南通道北通道、南北通道通南北；东典当西典当、东西典当当东西”，这是贾家村的顺口溜，说明了贾家村东西贯穿南北通达、东西两个典当铺的真实场景。现在保存较好的东当铺在贾家村官道的南端，门旁挂有黑色“典当”木牌。当铺建筑设计蕴含着浓郁的商业文化意味。进入屋内迎面是典当柜台，柜台上方一个天窗呈倒漏斗形，直通房顶采光。天花板装饰为鎏金宝相花纹饰。各厢房内均设有一个倒漏斗形聚光天窗，如此设计蕴含着日进斗金的美好愿望。当铺里的两个天井也与民居天井略有不同，靠近典当柜的天井为两层，上层低于厅面约二寸许，下雨即会水漫井池，民间有水漫喻财满、水涨为财涨。当铺天井为“铜钱”形下水孔，上厅天井的水通过一个“S”形暗管流入下面的天井，使得四水归聚后不直流。当铺天井的出水口较小，意为细水长流。

# 状元路

江西省省级历史文化名村
中国传统村落

抚州市
东乡区
浯溪村

东乡区黎圩镇的浯溪村有明清古建筑群占地14903平方米，由明清时期的官吏府、儒林第、商贾住宅、贞节牌坊、状元路、宗祠、牌楼、民居及巷道等古建筑组成。最让人称道的是村中的状元路。状元路长450米，中宽0.9米，全由麻条石板铺就，贯通全村，是当地学子因敬慕明朝天启状元王延垣还乡所建。王延垣学问深厚，为官清廉，村民们自发捐资近千银两，在村内用麻石板修建，中道供王延垣行走。路过官员至此，文官自行落轿，武官自行下马，从石槽两侧通过。

状元路

明清时期，这条道中路只供状元行走，其他官员、庶民都只能顺着路的两侧经过。“状元路”南连“南垣萃秀”门亭，北接“科甲里”门亭，当时设有专人看护，此类建筑在江南古建筑中极为罕见。村里其他建筑的路面也令人称道，如祠堂“义学堂”中堂中部地面采用熟糯米饭、石灰、桐油、黄土捣匀夯实而成，划成小格，颜色暗红，地面平滑，质地坚硬，历经数百年未有破损，令人叹为观止，祠堂其他地面均为板石铺成。其他古建筑多为王安石之弟王安国的后人所建，全村布局合理，古朴典雅，具有苏州园林建筑特色，体现了赣东农村古朴淳厚的民俗民情。

浯溪村南和村北还各有一座古石桥，南桥名为“还魂桥”，北桥名为“登科桥”。其中，“还魂桥”距村南 300 米，为 4 礅五孔平板石桥。桥北头有一古樟，古樟下有一碑柱，柱顶为端坐的观世音菩萨，柱上刻有“南无观世音菩萨”，柱侧记有大清乾隆三十三年岁次戊子秋月和造桥信士王文火熏、锡车各立的阴刻柳体字。“登科桥”距村北 100 米，为 3 孔石拱桥。桥长 22 米，宽 2.6 米，拱跨 4.6 米，桥墩宽 2 米，呈船头形，桥面两侧为 0.3 米 x0.5 米 x3.3 米石条，桥面中间为 0.5 米宽的石板供人行走。该桥历经无数洪水冲刷而岿然不动，使我们无不惊叹古人造桥艺术的高超。

# 浒湾古街

江西省国家级历史文化名镇
江西省省级历史文化名镇
中国传统村落
江西省省级传统村落

金溪县
浒湾镇

明清以来，江西生齿日繁，人稠地狭，过剩的人口为减轻经济压力而挟技远游或外出经商，开始形成移民潮和经商潮，金溪县的浒湾古街就是江西古代商埠的一个典型缩影。

金溪县自北宋设置以来人口总体上不断增长，特别是从乾隆年间以来，金溪县的人口一直居高不下，长期稳定在二十多万人。为了缓解人口增长所带来的生存压力，以及农、商行业之间利润的落差，使得许多民众不得不弃农从商，光绪二年《抚州府志》卷十二《地理・风俗》记载："金溪民务耕作，故地无余利，土狭民稠，为商贾三之一。"大量民众的经商，带动了金溪县工商业的发展，也促进了当地市镇的兴起和发展。据统计，同治时期金溪县有市 9 个、圩 15 个、津 29 个，约占抚州府 143 个圩市总数的 22%，涌现出了如浒湾镇等规模较大的集镇。明代以来，浒湾镇商贾云集、店铺林立，市场规模达到了较高的水平，成为赣东闽西地区的一个重要商品流通中心，为江南之重镇。《金溪县志》中记载："金溪第二区之浒湾镇，素称江西四大镇之一，地沿抚河，现金临公路即经此，有人口万余人，商店七百余家，贸易以洋方货及附近各县出产之纸料为大宗，商业之盛甲于抚州。"从侧面反映出明清以来浒湾镇商业贸易的发达。

目前在浒湾镇的堤下街、洲头上、下洲尾一带仍保存有三个古码头、四个漕仓、五座寺庙、一座教堂，共形成 11 处古民居聚落群；有前书铺街、后书铺街、江夏街、篾器街、仁里街、礼家巷、黄家井巷、三姑巷、占家巷等 9 条保存完好、长达 150 ~ 300 米的传统古街巷；保存较为完好的明清古建筑、手工作坊多达 901 栋，总面积有 27.3 万平方米。

街巷

浒湾镇在全国最负盛名、文化底蕴最深的当属前书铺街、后书铺街和礼家巷三条相互平行又相通的古街巷。

前、后书铺街

前书铺街和后书铺街，由当年各印书商号建成的庭院组成。两街面都筑以青石板路道，至今留着一道道深有几寸的辙槽，是载满木刻书的独轮车一年复一年辗压而成。两条街为相向平行，由西向东延伸，南街口都在沿河老街，今称红星路，二街口相隔不到 50 米，这一段街原是浒湾最热闹和繁华的杨柳坡，其前是一排沿抚河而建的吊脚楼店屋。

前书铺街长达 240 米，宽 3 米，有店铺及住房 31 栋，街道较为弯转，以铺面示人显得开敞。街中有一石拱门，两面额题皆为“恒门”二字，上下款为“道光庚戌年”“本坊合众建”。恒门前 20 米是灞陵桥巷口，此巷联结前后书铺二街，原立有“禁书碑”石一方，高约 1.4 米，宽 2 米，题额为“严禁淫词小说禁书碑”，上面列举的禁书约 200 种，如《水浒》《西厢记》《红楼梦》《牡丹亭》《今古奇观》《笑林广记》等，落款为“同治十一年四月立”，惜“文化大革命”中被毁。

前书铺街起始于洗墨池，面积约 2 亩，原有石柱石板栏轩围护，中有一堤分洗墨池为两部分，堤上建一玉带拱桥，使二水相通，桥头有碑，碑上竖刻“会仙桥”三字。堤长约 300 米，成丁字形，前通万寿宫，后联前书铺街石拱门。池旁原有一块高六尺、宽三尺的石碑，系乾隆四十七年（1782）所立，碑立于一石龟之上，碑的上部横刻着“流芳百世”四字，下有如斗方大小的“聚墨”二字。“聚墨”字体苍劲有力，传说是晋代书法家王羲之的手迹，并说王羲之写了字之后，在这个池子里洗过笔，因此又叫“洗墨池”，实则是当年刻书工人印完书后洗涤墨污的场所，惜毁于“文化大革命”。

浒湾前书铺街

通过洗墨池即是前书铺街之石拱门，此门青条石砌成，上嵌石匾书“籍著中华”四字，“文化大革命”中被毁。进入街中，先见一清代印斗封墙店屋，门额“源顺昌”三颜体大字，大门两侧以白石灰粉成四个圆块，上书“颜色”“纸张”四个大字，应为售卖纸张、颜色、染料之类的店铺。街中保存有“乐输所”漕仓和著名的雕版印书堂号“旧学山房”等。

后书铺街长170米，宽3米，店铺及住屋16栋。后书铺街平直，以墙面示人显得封闭。街口亦设有一石拱门，上嵌“藻丽嫏環”石匾，上款为“道光癸卯年”（1843），下款“合坊鼎建”，至今保留完好。“嫏嬛”是神话中天帝的藏书处。但这座小镇不是因为藏书，而是因为生产和经营书而获得这一称号。后书铺街高门大屋更多一些，有“大夫第”二三栋，另有清代许氏祠堂、京兆世家第以及著名的雕版印书堂号“余大文堂”“漱石山房”等。

后书铺街还保存有供印刷工人报更居住的谯楼一座，连接前后书铺二街，俗名楼仔巷，也称更鼓楼。它既是瞭望楼也是更楼，每晚由更夫值班，晚上打更报时，同时也可瞭望两街情况，一旦有火警发生可以及时发出警报。旧时镇上鼎盛时刻书坊有六十多家，刻书和印书工匠有一千多人，因此设置更鼓楼旨在催人早起劳作，以提高其劳动强度和工效。街中段有一小巷曲折有致地通往观音阁。

随着木刻印书的兴起，在前后书铺街中，先后盖起了鳞次栉比的铺栈、书店、作坊。为了便于藏书、搁板、印刷、经售，这些铺栈、作坊的建筑式样大同小异，均作纵深式加厢楼、高瓴格式。这些多重多进的店屋基本上是以天井、堂厅为中心组织厢房，其建筑布局一般是头进为铺栈、店面，中进为起居、会客之厅堂，后进为作坊或厨房、库房。店屋大都首尾衔接，曲径相通，大门门面开在前书铺街，其后门则开在后书铺街；而大门开在后书铺街，其后门就一定开在前书铺街，这样不仅来往方便，而且加强了业务联系和信息的沟通。

江夏街巷

江夏街巷是浒湾一条房舍俨然、特色鲜明的明代街巷，近百米长的街面全由板石铺成，百分之八十的宅居为明代所建。江夏郡指湖北安陆一带，是黄姓郡望所在，即黄姓是江夏郡显贵的世族。所以江夏第最初的意义应是黄姓人聚居之处，此处离黄家井亦不远，后来还是各姓杂居。现已荒寂，但仍有部分居民居住。

店铺

除古街巷道外，浒湾镇还保存着诸如古桥、寺庙、祠宇、漕仓、古码头、民居、店铺货栈等古建筑，其中大多数是明清至民国时期所建。

同义盛布店

同义盛布店早号福泰祥，后改同义盛，主营布匹，也收购本地腰机棉布，与人合开染房。此店由左德昌所创，位于沿河大街中段，为民国时所建二层楼建筑，前店铺宽约 7 米，进深 10 米，后屋为老板居室，进深约 12 米，一厅两室，楼上前后不相通，前店楼住伙计，后楼住家眷。其特点是前后均从屋顶通过二楼开出四方天窗采光，前店天窗用四围花板直通瓦面，后屋天窗二楼设栏杆围护，形成“走马楼”，使上下均可采光。前后均石板铺地。中华人民共和国成立后此店为供销社办公处。

和顺祥布行

和顺祥布行由过氏所创，位于临河街后，为民国时所建三层楼印斗式店屋，矩形结构，一层为店面，二楼为住房与库房，三楼为住房。每层面积约 81 平方米，以 16 个木柱从地面直贯屋面，每层有上下连通的板楼梯以及方便布匹可以直接吊上吊下的楼门。前后墙设三层窗户，窗上有一弧形短雨檐，下以精致的石刻花卉作装饰，房屋完全是中国传统式的，但窗户富于西洋风味。

旧学山房

旧学山房

旧学山房为谢氏于清中期开办的印书堂号，坐落于前书铺街。这是一栋三进大屋，皆板石铺地，面宽 12 米，头进进深 5 米，为陈列、售卖线装书、纸张之店铺；中进进深 11 米，天井采光，为店主起居、会客的厅堂；后进进深 5 米，为刻板、印刷线装书的作坊。可惜头进店面已拆，唯有大门“旧学山房”四字犹存。目前已成为浒湾雕版印刷博物馆和浒湾镇史馆所在地，其中前者由金溪县政府总投资 100 多万元所建，主要展示该镇宋、元、明、清时期各类珍贵木刻雕版和不同时期雕版印刷的古书藏品。

大文堂

为竹桥村贡生余钟祥兄弟于嘉庆年间开设，故又称余大文堂，坐落于后书铺街，专门从事木刻印书业务。此堂格局纵深狭长，两边砖墙高耸，呈三堂三厅三天井的三进式构筑，全长 32 米，两边厢房宽各 2.5 米，堂心宽 5 米；东西厢房均有楼，堂心亦设楼，屋内廊柱上至今仍保留着三幅体现木刻印书行业的阴刻形式楹联：“宋艳班香开绮丽，韩潮联海溯渊源”；

“琅函宝籍徵时瑞，玉检金泥广国华”；“雨粟以来多著述，结绳而后有文章”，对联文质雍容，典雅工稳，充分反映出当时印书业的文化自负与追求以及书铺街的鼎盛风光。

### 书店和作坊

金溪县浒湾镇及周围附近村庄的书坊刻书，是清代江西最大的书坊集结地。明崇祯元年（1628）河南新乡商贾谷祥四迁至浒湾，于镇内开一书铺，此后来此开店者日益增多。清康熙、雍正、乾隆、嘉庆年间为浒湾刻书的鼎盛时期。当时，作坊、书店规模较大，刻工有六七百人，加上印刷工人、铺栈掌柜、伙计等不下千人。经营的书坊有 60 余家，约占整个江西的 50% 以上（据不完全统计，当时江西有书坊 120 余家），其中有 40 余家聚集在前、后书铺街，其余十几家则散在附近的街道和村庄。影响较大的有双塘乡竹桥村例贡生余钟祥与其弟朝仪大夫余致祥开办的大文堂，王安石后裔上池村王家椝祖父的两仪堂、赵氏的红杏山房、谢甘盘的旧学山房、许氏的文林堂等，还有专营石印书籍及文房四宝的书店，如邹氏紫苑斋，陈氏九子堂，郭氏福盛斋，张氏大众书店。此外，在浒湾从事书坊的还有文奎堂、善成堂、三让堂、世德堂、漱石山房、王氏忠信堂、槐荫书屋、王谟等。

这些作坊和书店在建筑布局方面基本上是以天井、堂厅为中心组织厢房。由于雕版印刷业的特殊性，使得这些书坊在建筑风格、式样等方面都尽量适应印刷时所需的条件。据当地老人所言，楼上的阁楼，多是堆放雕版和印好的书籍，大多是考虑到防潮、防蚀。由于纸张和雕版都是易燃物质，再加上印刷时需要大量的墨汁，对水源的需求，使得书铺街的建筑群必须紧挨河流水道。旧学山房前有聚墨池，数步之远又有溪水流过，背倚抚河，与当地的自然水系紧密结合。清代赵汝明在《就正草》中对自家的红杏山房做过详细的阐述：

“予家红杏山房，落成于甲申春三月，同人先后赠家君各体诗，以志一时游览之盛。家君乐观其成，冀垂久远而传无穷，会倩钟泽生明府记以文：“夫何言，然此中景胜，差可当雅人之一盼者，聊镂述之，以当图绘甫入室。门左右为厅，厅外绕以阑干，回环屈曲，阶下垒石为台，奇花名草，横斜点缀。其上，□一小池，红鳞出没，荇藻交萦，池外为屏墙，背墙而西，种竹数竿，森森矗起，几有参天之势，时与隔院古柳掩暎，当天夕阳挂树，凭几览眺，身恍惚如在画中，其尤足观者，竹院西北廊，两室相去纔数武，而倚牖对话，望而不可即，居卧其间，第诧为造置之巧，而几莫名其妙。自廊历厅侧为巷，巷藏巨梯，外扃以门，登楼者不及巷，竟不知楼之何自登，既陟梯颠，及东厅藤榻帛状游人往往倦而思憩。去厅以北，为横厅，中辟大牖，灵峰时于后迴流绕其侧，俯仰上下，足以极视听之娱询可乐也，巡檐左右顾，南侧盱汝潆洄之水遥为暎带，疏山鹅降，目罗列于若远若近之际，诚可一览而得江山之胜矣，他如连阑曲室四照玲珑，其制大都与楼下居室相似而不同，此则红杏山房之大概也。若夫由引胜门而进，则为平原旧第，规模具在，畧不备书。”

由此可见，在浒湾书坊中影响较大的红杏山房，无论是布局、规模，还是美观、实用性等方面都相互协调，与当时建筑式样与印刷时所需的条件也大致相符。

## 金溪漕仓

金溪县地处赣抚平原与丘陵地带，土地膏腴，明代以来是江西主要产粮区之一，承担着较大的国家漕粮任务，据县志记载，明洪武二十四年，全县应交官秋粮租米 20872 石 3 斗，民秋粮税米 23587 石 2 斗，官民秋粮米总计 44469 石 5 斗；清雍正时期确定全县漕粮征米 14451 石。漕粮的征收解交，成为旧时官府和百姓生活中的大事。当时全县各地的漕粮以及民间粮食运输都是在浒湾镇装船水运，设置了许多漕仓及储粮仓，至今镇中篾器街一带仍有大量的清代漕仓遗址，有的构造依然保存完好。

乐输所

乐输所位于联结前后书铺街的灞陵桥巷，后书铺街“藻丽娜嬛”门的前侧。本为三堂直进之大屋，宽约 11 米，纵深 25 米，今隔开为两家。原二堂两边为谷仓，谷仓长12米，宽5米。砖木结构，早年已被拆毁改为民宅。这是清代以民房改建的漕仓，“乐输所”三字板石门额被居民重建大门时拆下，现保存完好。

三十六都四图漕仓

三十六都四图漕仓坐落于篾器街附近，为清代民房形式之漕仓。大门匾额以白板石镌刻“三十六都四图漕仓”四行八字，为国内所罕见，是中国传统社会漕粮制的见证。全屋宽约 10 米，进深 17 米，分上下两堂，中间大天井。上堂为住房，下堂为谷仓，谷仓长 10 米，因此屋前狭后宽，所以西排谷仓亦前狭后宽，约 3 ~ 6 米。东排谷仓宽约 5 米，砖木结构，每排有两个仓门，早年被拆，改为民居。现在住有两户人家。

古准提阁

古准提阁位于肖家桥附近，为古代庙宇改建之漕仓。门额“古準提阁”四字行草体，上款为“道光七年”，下款为“十九都文会立”，其宽 10 米，进深 13 米，上下堂，中间为天井，上堂住人，下堂为谷仓，至今仍存。仓宽 4 米，长 6 米，高 3 米，全部为木质结构，仓底离地 2 尺。现在住户就以仓门做房门，仓底为地板，谷仓成了房间。但仓板基本已经朽烂不堪。屋内尚有刻字碑石两块，断裂倒伏天井中，长满污泥与苔藓，字迹已难以辨认。

由于便利的交通条件，浒湾镇成为全县的漕仓之所，由此促进了当地航运业、粮食业的发展和市镇经济的繁荣。时至今日，当地的粮食加工、面条生产等传统产业依旧盛行。

浒湾备巷口码头

## 浒湾码头

旧时金溪及邻近县进出货物主要靠浒湾镇的水上运输，由此形成三个古码头。其中，老码头位于浒湾洲头上，是明清时期漕粮吞吐的主要码口；中港码头位于浒湾杨柳坡，是百货杂品、食盐南货、浒湾刻书和纸张的装卸码头；备巷口码头（又称余家渡口）在浒湾许家祠前，是各色商船的停泊处。码头皆由巨大青麻石砌成，台阶状伸向河边。目前由于河道渐浅，这三个码头早已停船而不再使用了。

# 钓源古街

吉安市
吉州区
钓源村

江西省国家级历史文化名村
江西省省级历史文化名村
中国传统村落

明清时期，吉安市吉州区兴桥镇的钓源欧阳氏的生意遍及江南诸省，主要经营桐油、药材、茶叶等，在两广、两湖、江浙的口岸城市，都有店铺，以湖南和广西为多。至今，仍有钓源商户的后代在那里生活。比其他商人另具优势的，是在清代中期以前 100 多年间，钓源一直有人在朝廷任职，这无疑是钓源商人们的政治背景和坚强后盾。

在钓源往北通往吉安西面的中心乡镇固江的道路上，还残留着一块块原铺的鹅卵石路面；路边，可见原铺水沟的零星青砖，这是赣西通往湖南的古驿道。明清之际，一代代钓源人，怀揣梦想，到湖广川黔经商闯天下。历尽艰辛积累财富，回乡大兴土木，修祠建房。钓源原先有条古街，是吉安的城郊物资聚散地和休闲娱乐的后花园。村民在湖南、湖北、广西、江浙做兴意，把口岸城市的南、北杂货批发运回家乡，比吉安店里的东西要便宜，吸引了邻近乡镇和吉安的商户来进货或零售，街市越来越繁荣。另外，在外经商的、做官的家眷在乡下，有钱又有闲，于是赌场、戏台等娱乐设施陆续建了起来；吉安城里和附近的公子小姐们蜂拥而至，钱庄、妓院随之兴盛。数十年过去，钓源形成了集商贸、娱乐休闲为一体的乡村都市。

古街位于庄山村西北角，南起康王庙，北止神塘，长约 800 米，街面宽约 3 米，街道两边有店铺、钱庄、赌场、妓院百余家，集现货交易和消闲娱乐为一体，为方圆百里首屈一指的乡村闹市。古街毁于咸丰五年战火，

钓源钱庄

钓源看戏窗口

至今村民仍以当年的“赌场”“匹头行”等店铺名称呼地名。

由于太平天国战争，钓源被烧毁了大半，街头唯一遗存的建筑物，是栋前店后宅式的店铺，以前是钱庄，位于当年街市通往村里的交叉口。钱庄前设走廊，木质的栏杆被人们坐着磨损出凹槽；也有人说是在钱庄做生意的人常在栏杆上顿叠银圆形成的印迹。幸存的钱庄，是当年钓源商业繁荣、经济活跃的历史见证，为正房直进式民居样式。一厅六房，为汇兑业务办理处，为了安全，瓦梁密置，腿不能进。有前廊后院，前廊柱间置长条木凳，为一般顾客等候汇兑的歇息处，后院置凉亭、暖房，供尊贵客户四季汇兑停脚。

当年钓源人不仅有钱，而且有闲。庄山村西北有一栋面临水塘、东为古井的老房子，正房之东有一边宅，东面的墙上三四米高之处，空了一个三四尺见方的洞口，比窗户大，这是以前女眷或小姐看戏的看台，类似如今戏院的包厢。20 余米远处稍高的空地原来是戏台，是用木料榫接拼装的，常有戏班子演戏。现存戏台周边的民居，均面向戏台开窗，便于观戏。

# 陂下古街

吉安市 青原区 陂下村

江西省国家级历史文化名村
江西省省级历史文化名村
中国传统村落

青原区陂下古街

吉安市青原区富田镇的陂下村濒临富水河，交通水运便利，带来村里商业的兴盛。陂下古街始建于清道光十四年（1834），距今 180 余年。古街不长，不足百米，南面七间店铺，北面六间店铺，均为砖木构架，古代木槅扇样式，留有购买窗，古招牌，总面积 1400 多平方米。街面宽 3 米，用鹅卵石铺就，两边水沟用青砖砌成，店铺墙壁上依然印有“布匹染坊”“神农真传”“粮食杂货”“药店”“水酒槽坊”“南货小百货”等商记。村民介绍，晚清、民国时期商贸兴盛，一派繁荣景象，直至中华人民共和国成立后才停圩。漫步在古街上，我们依然可以想象陂下古时繁华热闹的街市图景。

# 清源桥

永新县樟枧村

江西省省级历史文化名村
江西省省级传统村落

青龙桥

在永新县石桥镇樟枧村，现有青龙桥和清源桥两座古桥。清源桥建于明朝1446年，桥全长10米，桥拱3.6米，宽2米。相传为村中名宦刘善（字笃初，号益斋，南京工部屯田司郎中）与侄子刘敷（明景泰二年柯潜榜进士，授南京监察御史，历任湖广佥事、贵州副使、湖广按察使、福建按察使，后官至都察院右都御史）回家探亲期间，见清源河面木桥朽损，便捐款用块石奠基，桐油、石灰砖砌修成，取名清源桥。但因经年日久，旁边的古樟、柏树树根拱裂桥面。2005年，用钢筋水泥修复桥面。

青龙桥初修于明嘉靖年间，重修于清道光年间，桥长36米，宽3.3米，高6米，砖石结构。据传，在修建该桥时，第二个桥墩总是挖不到底，工程无法进展。而本村有位在四川峨眉山修道的高僧同平，传说已得道成仙，他屈指一算，便将一部经书赠送，放在桥墩基脚下，青龙桥即顺利建成。他所放经书的桥拱，每到夏天无蚊蝇出入，人们常在下面纳凉。

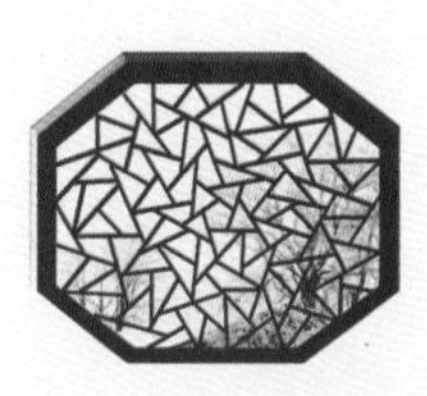

# 第六章 天光云影共徘徊

——井堰

江西雨量充沛，水系发达，有赣江、抚河、信江、饶河、修水等五大河流，丰富的水资源和良好的自然条件，保证了农耕经济的长足稳定的发展。江西的古村落大都临水而建，或临河流溪水，或挖井而居。水系成为耕作和饮用的重要来源，同时也是重要的交通命脉和发展乡村经济的载体，给人们生产生活带来极大的便利。良好的水源条件和优美的山水环境，造就了江西古村落优美宜人的自然环境，村落的道路布置和房屋朝向与水道密切关联，人们在营建村庄时，都会注重饮水、防潮、防洪、排水以及风水形法因素，精心考虑各种水体设施的布局。

古老村落中分布着众多的水井。依井而居也成为中国古代聚落历史沿革的重要形式之一。例如安义县石鼻镇罗田村的饮用水是靠布点打井解决，数户一口，掘至四五米即可见到清澈的泉水。村中到处可见古井，井水至今依然清澈见底，清甜可口。由井所演绎出来的井文化更是丰富多彩，底蕴深厚，古井大都保留着古代时期留下的碑刻，浓重的文化气息，成为古村传统文化的载体和发展的历史见证。同时，古井又和村庄的建筑布局密切相关，隐藏着奇特的风水意蕴。婺源县思口镇延村“镇宅井”的修建，就是缘于风水。五行中“水”常代表财运，延村的建筑空间形成了五行中“火”字型布局，所以人们在三岔路口称火口的地方挖井，实现水火平衡，以求得茂盛的财源。

散落在江西古村中的井、塘、陂、堰等水体建筑，既是人们生产生活的必要设施，又是乡村环境的美景点缀。各个村落不同的布局理念，使它们呈现出不同的建筑风格。它们或像明镜，或像陈酒，或像宝石，或像碧玉，在重峦叠翠和广袤平原中装点着乡民美丽的家园，引发我们无尽的乡情。

# 镇宅井

## 婺源县延村

江西省国家级历史文化名村
江西省省级历史文化名村
中国传统古村落

镇宅井

镇宅井在婺源县思口镇延村中心，井深七米，宽 1.14 米，明朝正德年间初建，道光十四年（1834）重修。井水清澈甘洌，至今仍可饮用。

镇宅井的修建和延村的风水有关。延村面积不大，村落旁河流相伴，整体布局以村落古道形成了风格独特的“火”字形，这在国内不多见，而且显得大胆。整个村庄，相互衔接，规划设计奇特，村中四条历史街巷均以“火字形”穿村而过，在村中部互相交叉。历史街巷两侧分布大量古建筑，路面主要由条状青石板，在村落群体系空间上呈三角形结构，形成了五行中“火”字型布局。三岔路口称火口，然后引出人字形的两条路，暗含“以人为本”之意。为了实现水火平衡，从风水考究上为起镇火灾作用，明朝正德年间就在“火”字头中央，挖掘了这口水井，取名为镇宅井。

# 金瓜井

婺源县理坑村

江西省国家级历史文化名村
江西省省级历史文化名村
中国传统村落

金瓜井位于婺源县沱川乡理坑村西北角，余氏支祠“敦复堂”左侧的丁字路口。水井周边是一个长6.80米、宽5.60米的方场，方场墁铺青石板，中央那口长方形的井就是金瓜井。井内壁以青石叠砌，长3米，宽0.95米，深2.20米。由于井口没有井栏，加上水位较高，使之形同水池一般。在井所处方场的周围四个角上，各置有一口长方形供洗涤用的石槽，石槽以一整块大石凿成；槽与槽之间的石板地上，又砌有一圈整整齐齐的排水沟。石槽的底部有泄水孔，洗菜洗物时，先用木塞将泄水孔堵住，然后从井中提水倒入石槽就可以洗东西了，洗完后将木塞一拔，污水由泄水孔排入水沟，可确保洗涤废水不倒流井内，保持了井水清洁卫生。

金瓜井

理坑村沿溪延展的村落，饮用、洗濯用水都在溪河，村中很少开掘水井。如地处婺源中部偏西的豸峰村没有井，因其村落形态从平面上看大致呈圆形，像似一面“铜锣”，村内不掘井是为了不使该“锣”有“哑音”，以免犯了“碎锣破边”的禁忌。而位居婺源县境中部的思溪村挖了一口井，则是因为该村的村基形同一艘泊岸的船只，水井位置恰恰处于船头部位，这口井就像是用来插撑篙的小孔一样。由此可见，“风水之说，徽人尤重”。当然，也有确因聚落边隅距离溪河较远，为方便乡民用水而设置水井的，如地处婺源东部的晓起村，由于村落西北角距离溪河有很长一截路，为了村民饮用、洗涤用水方便，所以村人在那里开凿了一口“三月井”。理坑村的金瓜井也是如此，民国《婺源县志》记载的全县22口古井里面，就有金瓜井，称赞它“味清香甘美，能却时疾”。

# 吴王井

## 婺源县西冲村

江西省省级历史文化名村
中国传统村落

吴王井

石壁井

婺源县思口镇西冲村作为历史悠久的古老村落，分布着吴王井、石壁井、六角井、染屋背井等众多的水井。每口水井，不仅都有着井名，而且还有美丽的传说，成了西冲村的一道文化载体和美丽景观。

吴王井，位于西冲古道大路转弯处，主要供路过行人解渴和附近居民日常生活。这座“吴王井”竟然与苏州灵岩山的吴王井是同源姐妹井，传说初来乍到的西施在井边“鸿影初照”。井的岩壁上还有块康熙三十四年的禁碑，对污染和破坏井水的行为进行禁止和处罚。碑文如下：“门路缺坏、水井秽污实为可憎，□□协力□修整□，但门路之□□□许堆柴停粪□灰等事，犯者即行□叱罚，如不遵依，定行罚银伍□□□众，决不徇纵。康熙三十四年己亥冬月。”

石壁井，位于西冲村山脚下，是西冲最古老的井。夏日珠水涟涟，凉风嗖嗖；冬天井水冒气，暖流如春。石壁井与村里木商俞光治有过一段美丽传说：俞光治生在南京，小时候并不显得聪明，少年时回乡，他特别喜欢喝石壁井的水，这井水竟像神水一样，让他开了窍，成了一代大木商。他自己也说：“服用石壁水，夜夜香甜睡；梦中见范蠡，谆谆陶朱说。”因此，石壁井又称“开窍井”，后人还编成民谣传唱：“石壁流水滴叮当，壁水养育俞家郎。经书求学非做官，不为明堂进庙堂。”

# 平渡堰

婺源县 汪口村

江西省国家级历史文化名村
江西省省级历史文化名村
中国传统村落

平渡堰位于婺源县江湾镇汪口村西边约500米的河道上，为婺源县“四大古建”之一。民谚常言“江湾祠堂汪口碣，方村牌楼太白塔”，“汪口碣”指的就是汪口村的平渡堰。又因形似曲尺，当地人俗称平渡堰为“曲尺堨”。

平渡堰由清雍正年间的经学家、音韵学家江永（字慎修，婺源江湾人）设计建造。平渡堰南北长120米，宽15米。其南端靠岸，北端堰堨头向上折成曲尺形，离岸空有6米宽的舟船通道。因为汪口上游的段莘水与江湾水在这里交汇，两流相遇回旋，水流湍急，迴洑凶险，每遇洪水涨发，辄溺人覆舟，且无法建木桥。经江永精心设计，堨身建成曲尺形，居民就地取材筑堨，全部用河中鹅卵石和青石砌成平渡堰。在不使用闸门的条件下，江湾人成功解决了蓄水、通舟、缓水势三大难题，且历经200多年片石无损，被水利专家称为水利建设史上的一项奇迹。平渡堰的建成进一步促进了汪口商业码头的发展。繁盛之时，汪口村有18个河埠码头供商货在此转运，极大地促进当地经济的发展。

平渡堰

# 溢香池

## 都昌县 鹤舍村

江西省省级历史文化名村
中国传统村落

溢香池为都昌县苏山乡鹤舍村的一座方形池塘，与旁边的袁氏宗祠同时建成，即建于明代天顺年间。池塘被古建筑群环绕，面积约600平方米。塘岸及四周空旷地均用花岗石铺设，水池清澈沉静，和古建筑融为一体，成为村落悠久发展历史的见证。建此池塘，有风水上的考虑，即聚财之寓意，也有防火之实用。池塘蓄水来自全村每栋房子从天井而下的雨水“四水归堂”，再顺着相互连通的暗沟“四水归塘”，而后与溪水连通，连贯成全村的排水系统。

溢香池

# 石堤十八坡

南昌县 前后万村

江西省省级历史文化名村
中国传统村落

前后万村石堤十八坡

石堤十八坡是南昌县三江镇前后万村存留至今的水利设施，即用红石修筑的十八级石阶。修建的原因和前后万村的地理环境相关，前后万村所处的三江镇地处南昌县、丰城市、进贤县、抚州临川区四县市区接壤地带，位于抚河支流的箭江、隐溪、彭港三条河的交汇口。前后万村位于三江镇镇区东南部，古村三面环水，古时每逢春夏汛期，水患多发。乾隆二十五年（1760）冬，为根治水患，以万宾馥为首的七位地方乡绅捐助三万多银两，购置大量红石，族中父老出工出力，耗时数月构筑了一条两百多米长的红石大堤，用余石修筑了十八级石阶，称“十八坡”。他们还在周围植下九棵大樟树以震慑水兽，根治了水患，为万氏世代繁衍昌盛、家园安宁奠定了基础。后世族人每逢春节迎龙灯、中秋赛故事以及婚丧喜庆、节日典礼，都会到十八坡游走一圈，以纪念先辈的丰功伟绩。

修建石堤十八坡的七位后万村乡绅是：

万宾馥，字添郁，号厚庵（康熙四十七年—乾隆五十一年，即1708—1786）；

万宾毓，字彦升，号恕庵（康熙五十三年—乾隆三十八年，即1714—1773）；

万宾颂，字盛平，号逸叟（雍正元年—嘉庆二十年，即1723—1815）；

万湑，字廷献，号素庵（康熙五十九年—乾隆五十九年，即1720—1794）；

万宾馨，字芳存，号馥亭（雍正元年—嘉庆三年，即1723—1798）；

万宾瀛，字载登，号路亭（雍正三年—乾隆五十六年，即1725—1791）；

万宾渭，字步璜，号瑶溪（雍正十年—嘉庆十年，即1732年—1805）。

上述数公者，皆豪杰之士也，后人称颂为“康乾七宾”。

前后万村地势平坦，村内有多处水塘，村落整体呈花蕾形展开，以鲤鱼塘为中心，将古村分隔成南北两片区，即前万村和后万村两个自然村。前、后万村以鲤鱼塘为界，格局分明。

鲤鱼塘始建于明朝正德六年（1511），周长500余米，面积为3400余平方米，因形态宛如一条活泼欲跃的金丝鲤鱼而得名，寓意“鱼跃龙门”。明正德四年，洪水冲溃牛宿洲祖基，万迪（北宋宣和年间兵部尚书）十七世孙万齐，卜居此地构筑而成。清乾隆年间，“康乾七宾”将修筑村旁石

前后万村鲤鱼塘

前后万村古井

堤及十八坡后留存的红石条砌石栏于四周。抗日战争爆发后，族人四散各地，池塘石栏多已倒塌。中华人民共和国成立后，村民将池塘初步修复。“文化大革命”中又遭损毁。1990年以来，万绍芬多方联络、筹集资金，和乡亲们一起群策群力，清淤泥、引活水、建石栏，围绕池塘种树种草，并在池塘前方淤泥荒地上修建起“万芳园”，树立爱国先贤万迪公铜像和纪念碑。现鲤鱼塘已成为学生读书、村民休闲、后人缅怀先贤的胜地。

鲤鱼塘位于村中心，四周的建筑大门基本都是面向鲤鱼塘，这种格局不仅可以取得蓄水防火与排水功能，又有利于生活、生产、净化空气、美化环境。村内水塘与各条排水沟渠（明沟和暗沟）组成了前后万村复杂而通畅的排水系统。下雨时，雨水通过排水沟渠排入鲤鱼塘，鲤鱼塘与村东的总干渠相通，当鲤鱼塘的水涨到一定程度，溢入排水口，最后排到东侧的总干渠中。

前后万村还有一口二百余年历史的古井。古井位于后万村东首十八坡旁，井口呈圆形，花岗石质，下铺砌方形井台，侧旁开有流水凹槽，井圈一面镌刻的“道光戊子”四字依稀可见。因井水清冽甜醇，特别适合酿制美酒、豆腐，深受村民喜爱。在民国初的一次清洗时，发现井底刻有“继哲继亮”字样青砖。后历经浩劫，古井被淤塞，但依然记载着先辈们的勤劳与智慧。

# 陈村古井

樟树市姜璜陈村

樟树市临江镇姜璜陈村现存古井五口，其中四口年代久远，三口在村内，属于陈氏宗族，另两口为陈氏村民与邻村共用。

凤凰井（亦称凤尾井）

凤凰井是陈村最早的古井，距今已有700多年的历史。姜璜陈氏开山祖陈廷用自新余埂上迁徙而来时，即有泉眼，陈氏在此定居后，将泉眼开凿扩大，周围砌以石砖，供村人汲取饮用，成为深井。此井泉水极为清澈甘洌，相传曾有凤凰落于此地饮水，故名凤凰井。又传井旁有凤凰庙，故称凤凰井。此井坐落于原村口，用砖垒砌，井口直径约半米，井水水位较高，现今周边几户仍在使用。

中房井

中房井坐落于村中部，迄今已有四五百年的历史，井水仍有村民取用。陈氏迁徙定居姜璜后，人口繁衍和村落拓展较快，但村中只有凤凰井一口，不仅取水不便，也难以满足整个陈氏宗族的需要，因此，相传明代中期陈氏中房开凿水井一口，即命名为中房井。

坡上井

坡上井建于20世纪60年代，因所处地势相对较高，处于一斜坡上，故名坡上井。井口直径约1米，目前仍有几户人家在用。

姜璜陈村凤凰井

姜璜陈村中房井

姜璜陈村熊家井

姜璜陈村唐家井

## 熊家井

熊家井位于古村西北与姜璜熊家交界处，姜璜古街旁，为姜璜陈村与邻村共用水井。有数百年的历史，井沿石头上有很多道井绳勒出的深槽，可见到此取水者众多。此井现在利用状况较好，周边村民仍然在使用。

## 唐家井

唐家井位于现姜璜街活动中心门前，有数百年的历史，井口上方有半米多高的井沿，井沿上常年磨刀的痕迹非常清晰。

另据族谱《姜璜陈氏住居图》记载，陈村共有七口古塘，其中除佳荣众塘和樟树塘外，其余未见命名。古塘大小不一，最大的一口位处东南角，陈氏祠堂前，直径约有 50 米。形状以圆形居多，其中有四口古塘紧连。古塘坐落于村前及村中，以最大的祠堂前樟树塘为中心，弧形展开，对整个住居村落形成半环绕之势，极具动感。

# 品字三井

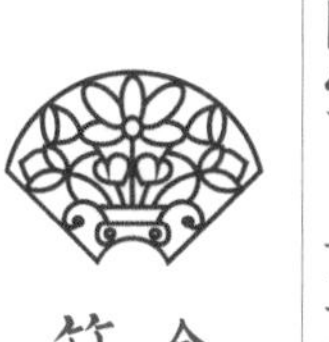

## 金溪县 竹桥村

江西省国家级历史文化名村
江西省省级历史文化名村
中国传统村落

在金溪县双塘镇竹桥村锡福庙前面，有一条宽阔整齐的青石板古道，是过去金溪至东乡县的官道。沿着这条石板路往西北向走约100余米，会发现有三口井呈品字排开。路右下方水井，当地村民称为“剑井”，为康熙二十一年（1682）修挖。另有一口与其并排而立，为乾隆二十一年（1756）所建。二井前方居中还有一口水井，为清朝咸丰末年所建。三井成“品”字形排列，寓意深刻，包含着品秩、品德、品味之意，寓含着竹桥先民在为人、为官、为学和为商方面的追求与寄托：即希望村民及其子孙后代入“品”为官；在日常生活中则要有品有德、文明厚道、高雅贤达，造福于本族、本村。村里现保存的《竹桥余氏族谱》，对品字三井做了诠释：“自是三井品立，亦先人心计也。农民睹之，知为人邪正固有品级之分；士人睹之，知贫可守而品不可坏也；商贾睹之，知当忠王仕事品德不谬也。”这品字三井景观，倡导的是“以品取人、人品为重”，传达出中华民族宝贵的传统道德风范。

三口水井修挖时间有所不同，开挖的原因和村里的风水有着密切的关系。我们注意到，在“剑井”的前上方，便是竹桥村的总门楼。总门楼始建于明初，太平天国战争中被毁，战后依据原样重建。总门楼是进出村落的总通道，依山脉走向而建，是由宋代江西著名堪舆家廖瑀的后人所择定，以束全村之气韵，过去凡进出村子都要经过此地。在前无大江大河为拱卫、后无高山峻岭为屏障的普通地势下，竹桥村民按照风水的理念因地制宜，

品字三井

以人工造就景致，配合地势生出风韵，建造出总门楼。然后，村民们又按照风水师的要求，在门楼前建一口方形井名为“剑井”，寓意在与侵入的外敌战斗完成后，用水洗刷污垢，邪气不会进村。因其形状好像过去水稻脱粒用的禾斛，故也称为“禾斛井”。水井挖成后，其水清澈透明，因而成为村人饮用和生活用水。井周围石板护栏与方井口设计成铜钱状，古人“钱”“泉”相通，寓意发财，寄托着村人希望得到好彩头的愿望。

其后由于天旱，井水不够用，于是村民在其旁边并排挖建了另一口水井，名为“新井”。由于战乱，竹桥村遭受重大劫难，房屋被毁，许多为保护村落的民众被杀，他们的头颅被挂在剑井石板护栏上，血流进井中，染红了井水。后人为纪念这些村民，停止饮用其水，每逢清明和七月半都会到井边烧香祭拜，并对水井保护和维修。为了满足饮水，村民又在原来两口水井的前方居中位置新建一口水井，组成“品”字形。

# 介桥老井

分宜县介桥村

江西省省级历史文化名村
中国传统村落

介桥老井

分宜县介桥村有一口有六百多年历史的老井，老井位于毓庆堂东北角，相距约一百三十步。井南为入口，西、北、东三向有一米五高的围墙，井边有四级台阶。井口为不规则长方形，井深一米五许，四壁均是砖石砌成。井口四周铺有青石板，因年代久远，青石板被踏磨成舟状。老井东侧旁有一梯形井塘，井塘周长约九十步，四周砌有高五六十厘米、宽三十厘米的砖墙，上用三合土做成“人”字形斜面。井塘与水井相通，井塘东有一排水缺口。

老井的水源最早在毓庆堂地下。相传，毓庆堂原是芦苇塘，塘中有股大泉水，可供饮用，族人养的一头母猪夏秋常带猪崽到塘里洗澡，且不愿回栏。选址建祠时，风水先生说把祠建在塘里可大发。九世竹坡公听其言，将泉眼用锅盖住，并将泉水用暗沟引入老井。老井常有灰白色鲶鱼出现，族人挑水偶尔看到，鲶与严谐音，族人认为是吉祥的征兆，都很敬畏，不会去捕捉或伤害它。

老井养育介桥人六百多年，即使是最旱之年，也未断过水。村里人口最多时有三四千，都有赖于这口老井。至今，老井的井水依然清澈见底。虽然近年介桥装上了自来水，但还有一些老人眷恋老井，又不要水费，还在饮用老井的水。

# 樟枧古井

永新县 樟枧村

江西省省级历史文化名村
江西省省级传统村落

永新县樟枧村以“五古”同村而闻名，即古井、古祠堂、古桥、古树、古建筑群。村中的古井有三口，即报恩井、青慧井、思亲井，呈三角形分布于村落西面。

思亲井

报恩井

青慧井

青慧井

思亲井建于明天顺1455年，直径1米，深3.5米，井水甘洌，冬暖夏凉。相传先祖策父早逝，母性端谨，执妇道，奉姑祀先，睦族恤邻，立家教子。正德十四年秋，策母节妇孺人寿终正寝，享年八十有四。策闻讣归奔，隆重葬祭，居丧期间，策抚今追昔，感念孺人孀守教育之恩，伯父倾心护爱之情，遂斥资在先父遗迹水井旁筑建两房祠，以便后世子孙永世祭祀，同时命名该井为思亲井。

报恩井修建于明朝1506年，直径0.88米，深3米，井水清澈。相传先祖振家境贫穷，族邻怜惜，捐资培养成材。振回到故里，见族邻离青慧井、思亲井较远，遂捐资建井以报族邻恩德，故名报恩井。

青慧井修建于明洪武1390年，井直径0.9米，深3米。井水甘澈，冬暖夏凉。相传先祖晏成勤勉，凌晨累见泉水塘边有一股青气直冲云霄，知是祥瑞之气，深思后，便在该处挖一水井，井内壁用桐油、石灰砖砌而成。

# 附 录

## 江西省级援建村史馆名单
（截至2018年1月）

| 地　区 | 第一批 | 第二批 | 第三批 | 第四批 |
|---|---|---|---|---|
| 南昌市 | 南昌县冈上镇熊家村<br>新建区大塘坪乡汪山村<br>安义县石鼻镇罗田村 | 南昌县三江镇前后万村<br>进贤县架桥镇陈家村 | 青云谱区朱桥梅村<br>安义县梓源民国村<br>进贤县文港镇周坊村<br>进贤县温圳镇杨溪李家村 | 东湖区扬子洲镇碧流前洲村<br>新建区木莲村<br>南昌县蒋巷镇水灌桥村 |
| 九江市 | | 修水县山口镇老街村<br>都昌县苏山乡鹤舍村 | 修水县黄坳乡朱砂村<br>庐山市白鹿镇玉京村 | 永修县梅棠镇新庄村<br>德安县车桥镇义门村<br>武宁县罗坪镇长水村 |
| 景德镇市 | 浮梁县江村乡严台村<br>浮梁县瑶里镇 | 浮梁县勒功乡沧溪村<br>乐平市涌山镇涌山村<br>浮梁县西湖乡礵溪村 | 浮梁县礼芳村<br>浮梁县英溪村 | 浮梁县湘湖镇进坑村<br>乐平市洪岩镇小坑村<br>乐平市镇桥镇百乐村 |
| 萍乡市 | | 安源区安源镇张家湾村 | 莲花县路口镇湖塘村<br>湘东区麻山镇麻山村 | 莲花县坊楼镇沿背村<br>芦溪县芦溪镇东阳村<br>湘东区下埠镇南竹坡自然村 |
| 新余市 | | 分宜县分宜镇介桥村 | 分宜县钤山镇防里村 | 渝水区良山镇下保村<br>仙女湖区白梅村 |
| 鹰潭市 | 龙虎山风景区上清镇 | 贵溪市耳口乡曾家村 | 贵溪市塘湾镇 | 余江县锦江镇范家村 |
| 赣州市 | 龙南县关西镇关西村<br>赣县区白鹭乡白鹭村<br>寻乌县吉潭镇圳下村 | 寻乌县澄江镇周田村<br>瑞金市九堡镇密溪村<br>赣县区湖江乡夏府村 | 赣县区大埠乡大坑村<br>龙南县里仁镇新园村 | 寻乌县南龙村<br>大余县新城镇周屋村<br>信丰县大阿镇东风村 |
| 宜春市 | 宜丰县天宝乡天宝村<br>高安市新街镇贾家村 | 丰城市张巷镇白马寨村<br>丰城市筱塘乡厚板塘村<br>樟树市临江镇姜璜陈村 | 上高县翰堂镇翰堂村 | 上高县田北村<br>明月山温泉风景名胜区九联坊村<br>高安市艮山村 |
| 上饶市 | 婺源县江湾镇汪口村<br>婺源县沱川乡理坑村<br>婺源县浙源乡虹关村<br>横峰县葛源镇 | 婺源县思口镇延村<br>婺源县思口镇思溪村<br>婺源县思口镇西冲村<br>婺源县浙源乡凤山村<br>铅山县石塘镇<br>德兴市海口镇 | 铅山县河口镇<br>婺源县江湾镇江湾村<br>婺源县江湾镇晓起村<br>婺源县秋口镇李坑村<br>婺源县镇头镇游山村 | 上饶县皂头镇三联村<br>余干县乌泥镇乌泥村<br>鄱阳县高家岭镇站前村 |
| 吉安市 | 吉州区兴桥镇钓源村<br>吉水县金滩镇燕坊村<br>青原区富田镇陂下村 | 泰和县马市镇蜀口村<br>永新县石桥镇樟枧村<br>吉安县永和镇<br>安福县金田乡柘溪村<br>峡江县水边镇湖洲村<br>吉水县白沙镇桥上村 | 青原区富田镇旮田村<br>吉水县金滩镇仁和店村<br>吉安县敦厚镇圳头村<br>泰和县螺溪镇爵誉村<br>青原区东固镇傲上村 | 新干县金川镇华城门习家村<br>峡江县金坪民族乡新民村<br>吉水县文峰镇葛山村 |
| 抚州市 | 金溪县双塘镇竹桥村<br>乐安县牛田镇流坑村 | 金溪县浒湾镇<br>东乡区黎圩镇浯溪村 | 金溪县琉璃乡东源自然村<br>黎川县华山镇洲湖村<br>金溪县合市镇全坊村<br>东乡区岗上积镇水南村<br>南城县新丰街镇汾水村 | 东乡区周家村<br>南丰县洽湾镇石耳岗村<br>临川区嵩湖乡下聂村 |

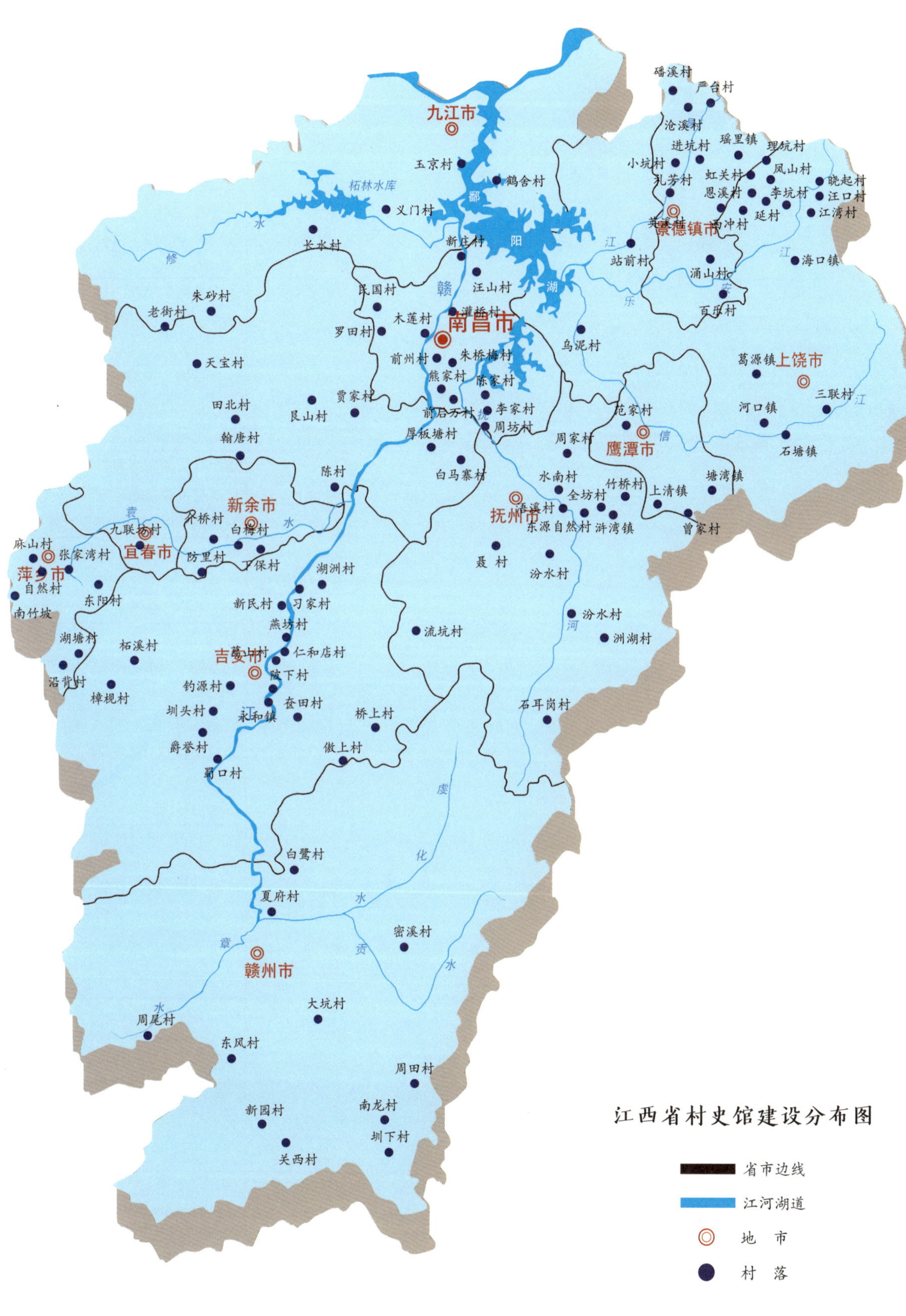

江西省村史馆建设分布图
省市边线
江河湖道
地　市
村　落
九江市
南昌市
景德镇市
上饶市
鹰潭市
抚州市
新余市
宜春市
萍乡市
吉安市
赣州市
柘林水库
修
水
鄱
阳
湖
赣
抚
信
江
乐
安
袁
河
虞
化
章
贡
磻溪村
严台村
沧溪村
进坑村
瑶里镇
理坑村
小坑村
虹关村
凤山村
礼芳村
晓起村
恩溪村
李坑村
汪口村
延村
江湾村
站前村
涌山村
海口镇
百乐村
玉京村
鹤舍村
义门村
长水村
新庄村
汪山村
民国村
灌桥村
木莲村
罗田村
朱砂村
老街村
天宝村
前州村
朱桥梅村
熊家村
陈家村
田北村
艮山村
贯家村
前后万村
李家村
周坊村
厚板塘村
乌泥村
葛源镇
三联村
河口镇
石塘镇
范家村
周家村
翰唐村
白马寨村
陈村
水南村
全坊村
竹桥村
上清镇
塘湾镇
曾家村
东源自然村
浒湾镇
聂　村
汾水村
汾水村
洲湖村
流坑村
石耳岗村
麻山村
张家湾村
九联村
防里村
下保村
白梅村
自然村
东阳村
南竹坡
湖洲村
新民村
习家村
燕坊村
仁和店村
湖塘村
柘溪村
沿背村
陂下村
樟枧村
钓源村
圳头村
永和镇
沓田村
桥上村
爵誉村
傲上村
蜀口村
白鹭村
夏府村
密溪村
大坑村
周尾村
东风村
周田村
新园村
南龙村
圳下村
关西村

**图书在版编目（CIP）数据**

古建情怀：美丽乡愁：江西历史名村文化档案 / 姚亚平主编；丁功谊编撰.
-- 南昌：江西美术出版社,2018.3
ISBN 978-7-5480-5537-2

Ⅰ.①古… Ⅱ.①姚… ②丁… Ⅲ.①村史—江西 Ⅳ.①K295.65

中国版本图书馆CIP数据核字（2018）第011901号

出 品 人：周建森
责任编辑：方 姝 姚屹雯
责任印制：吴文龙 汪剑菁
封面设计：梅家强
版式设计：梅家强 林思同 先鋒設計

**古建情怀**

**GUJIAN QINGHUAI**

美丽乡愁——江西历史名村文化档案

**主　　编：**姚亚平
**执行主编：**张天清
**编　　撰：**丁功谊
**出　　版：**江西美术出版社
**社　　址：**南昌市子安路66号
**邮　　编：**330025
**电　　话：**0791-86566309
**发　　行：**全国新华书店
**印　　刷：**浙江海虹彩色印务有限公司
**版　　次：**2018年3月第1版
**印　　次：**2018年3月第1次印刷
**开　　本：**787mm×1092mm 1/16
**字　　数：**258千字
**印　　张：**10.25
**书　　号：**ISBN 978-7-5480-5537-2
**定　　价：**78.00元


若有印刷、装订质量问题，请与承印厂联系，电话：0571-85095376